스펙 쌓기 경쟁은 과열되고 취업의 벽은 점점 높아지는데…

NCS까지 대비하기에는 시간이 턱없이 부족하시죠?

그래서 시스컴이 야심차게 준비한

NCS 3일 벼락치기 시리즈!

태블릿 PC나 좀 큰 스마트폰과 유사한 그립감을 주는

작은 크기와 **얇은 두께**로 휴대성을 살렸지만

꽉 찬 구성으로, **효율성은 UP↑ 공부 시간은 DOWN↓**

3일의 투자로 최고의 결과를 노리는

3일 벼락치기 NCS 직업기초능력평가 6권 시리즈

간편하게
꺼내 푸는
내 손안의 NCS
직업기초능력평가
3일
벼락치기
NCS 직업기초능력평가
한국전력공사
한국가스공사
근로복지공단
LH 한국토지주택공사
KB 국민은행
우리은행
시스컴
SISCOM
www.siscom.co.kr

NCS 직업기초능력평가

3일 벼락치기

타임 NCS 연구소

한국전력공사

3일 벼락치기 한국전력공사

인쇄일 2020년 8월 1일 2판 1쇄 인쇄
발행일 2020년 8월 5일 2판 1쇄 발행
등 록 제17-269호
판 권 시스컴2020

발행처 시스컴 출판사
발행인 송인식
지은이 타임 NCS 연구소

ISBN 979-11-6215-523-3 13320
정 가 10,000원

주소 서울시 양천구 목동동로 233-1, 1007호(목동, 드림타워) | **홈페이지** www.siscom.co.kr
E-mail master@siscom.co.kr | **전화** 02)866-9311 | **Fax** 02)866-9312

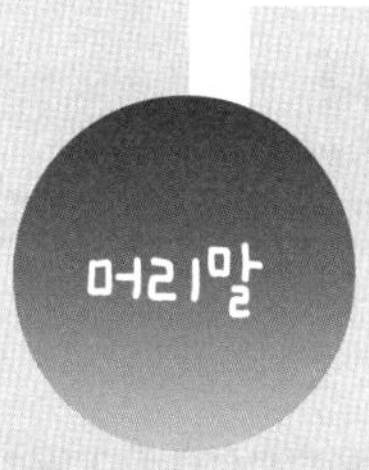

NCS(국가직무능력표준, 이하 NCS)는 현장에서 직무를 수행하기 위해 요구되는 능력을 국가적 차원에서 표준화한 것으로 2015년부터 공공기관을 중심으로 본격적으로 실시되었습니다. NCS는 2016년 이후 산하기관을 포함한 약 600여 개의 공공기관으로 확대 실시되고, 이중 필기시험은 직업기초능력을 평가합니다.

NCS는 기존의 스펙위주의 채용과정을 줄이고자 실제로 직무에 필요한 능력을 위주로 평가하여 인재를 채용하겠다는 국가적 방침입니다. 기존의 공사 · 공단 등의 적성검사는 NCS 취지가 반영된 형태로 변하고 있기 때문에 변화하는 양상에 맞추어 시험을 준비해야 합니다.

필기시험의 내용으로 대체되는 직업기초능력은 총 10개 과목으로 출제기관마다 이 중에서 대략 5~6개의 과목을 선택하고 시험을 치르며 주로 의사소통능력, 수리능력, 문제해결능력을 선택합니다.

본서는 공사 · 공단 대비 수험서로, 직업기초능력을 NCS 공식 홈페이지의 자료로 연구하여 필요한 이론을 요약 정리하여 수록하였고, 실전 모의고사를 통해 학습자의 실력을 스스로 확인해 볼 수 있게 준비하였습니다.

예비 공사 · 공단인들에게 아름다운 합격이 함께하길 기원하겠습니다.

타임 NCS 연구소

1 NCS(기초직업능력평가)란 무엇인가?

1. 표준의 개념

국가직무능력표준(NCS.national competency standards)은 산업현장에서 직무를 수행하기 위해 요구되는 지식 · 기술 소양 등의 내용을 국가가 체계화한 것으로 산업현장의 직무를 성공적으로 수행하기 위해 필요한 능력(지식, 기술, 태도)을 국가적 차원에서 표준화한 것을 의미합니다.

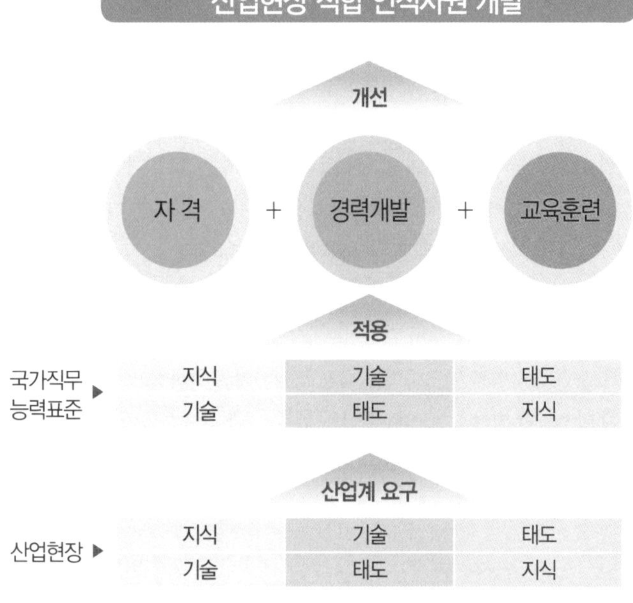

〈국가직무능력표준 개념도〉

2. 표준의 특성

| 한 사람의 근로자가 해당 직업 내에서 소관 업무를 성공적으로 수행하기 위하여 요구되는 실제적인 수행 능력을 의미합니다.

- 직무수행능력 평가를 위한 최종 결과의 내용 반영
- 최종 결과는 '무엇을 하여야 한다' 보다는 '무엇을 할 수 있다'는 형식으로 제시

| 해당 직무를 수행하기 위한 모든 종류의 수행능력을 포괄하여 제시합니다.

- 직업능력 : 특정업무를 수행하기 위해 요구되는 능력
- 직업관리 능력 : 다양한 다른 직업을 계획하고 조직화하는 능력
- 돌발상황 대처능력 : 일상적인 업무가 마비되거나 예상치 못한 일이 발생했을 때 대처하는 능력
- 미래지향적 능력 : 해당 산업관련 기술적 및 환경적 변화를 예측하여 상황에 대처하는 능력

| 모듈(Module)형태의 구성

- 한 직업 내에서 근로자가 수행하는 개별 역할인 직무능력을 능력단위(unit)화하여 개발
- 국가직무능력표준은 여러 개의 능력단위 집합으로 구성

| 산업계 단체가 주도적으로 참여하여 개발

- 해당분야 산업별인적자원개발협의체(SC), 관련 단체 등이 참여하여 국가직무능력표준 개발

- 산업현장에서 우수한 성과를 내고 있는 근로자 또는 전문가가 국가직무능력표준 개발 단계마다 참여

3. 표준의 활용 영역

- 국가직무능력표준은 산업현장의 직무수요를 체계적으로 분석하여 제시함으로써 '일-교육 · 훈련-자격'을 연결하는 고리 즉 인적자원개발의 핵심 토대로 기능

〈국가직무능력표준의 기능〉

– 국가직무능력표준은 교육훈련기관의 교육훈련과정, 직업능력개발 훈련기준 및 교재 개발 등에 활용되어 산업수요 맞춤형 인력양성에 기여합니다. 또한, 근로자를 대상으로 경력개발, 경로개발, 직무기술서, 채용 · 배치 · 승진 체크리스트, 자가진단도구로 활용 가능합니다.

– 한국산업인력공단에서는 국가직무능력표준을 활용하여 교육훈련과정, 훈련기준, 자격종목 설계, 출제기준 등 제 · 개정 시 활용합니다.

– 한국직업능력개발원에서는 국가직무능력표준을 활용하여 전문대학 및 마이스터고 · 특성화고 교과과정을 개편합니다.

2 NCS 구성

능력단위

- 직무는 국가직무능력표준 분류체계의 세분류를 의미하고, 원칙상 세분류 단위에서 표준이 개발됩니다.
- 능력단위는 국가직무능력표준 분류체계의 하위단위로서 국가직무능력표준의 기본 구성요소에 해당됩니다.

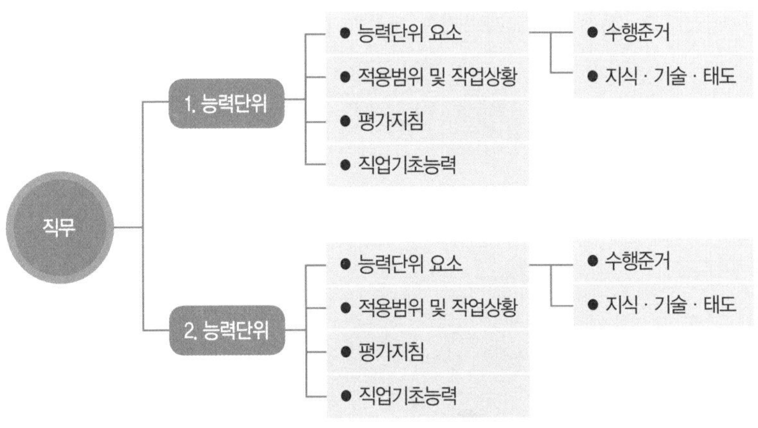

〈국가직무능력표준 능력단위 구성〉

- 능력단위는 능력단위분류번호, 능력단위정의, 능력단위요소(수행준거, 지식 · 기술 · 태도), 적용범위 및 작업상황, 평가지침, 직업기초능력으로 구성

구성항목	내 용
1. 능력단위 분류번호 (Competency unit code)	– 능력단위를 구분하기 위하여 부여되는 일련번호로서 14자리로 표현
2. 능력단위명칭 (Competency unit title)	– 능력단위의 명칭을 기입한 것
3. 능력단위정의 (Competency unit description)	– 능력단위의 목적, 업무수행 및 활용범위를 개략적으로 기술
4. 능력단위요소 (Competency unit element)	– 능력단위를 구성하는 중요한 핵심 하위능력을 기술
5. 수행준거 (Performance criteria)	– 능력단위요소별로 성취여부를 판단하기 위하여 개인이 도달해야 하는 수행의 기준을 제시
6. 지식 · 기술 · 태도 (KSA)	– 능력단위요소를 수행하는 데 필요한 지식 · 기술 · 태도
7. 적용범위 및 작업상황 (Range of variable)	– 능력단위를 수행하는 데 있어 관련되는 범위와 물리적 혹은 환경적 조건 – 능력단위를 수행하는 데 있어 관련되는 자료, 서류, 장비, 도구, 재료
8. 평가지침 (Guide of assessment)	– 능력단위의 성취여부를 평가하는 방법과 평가 시 고려되어야 할 사항
9. 직업기초능력 (Key competency)	– 능력단위별로 업무 수행을 위해 기본적으로 갖추어야 할 직업능력

핵심이론

NCS 직업기초능력평가를 준비하기 위해 각 기업이 선택한 영역에 대한 핵심이론을 요약하여 수록하였다.

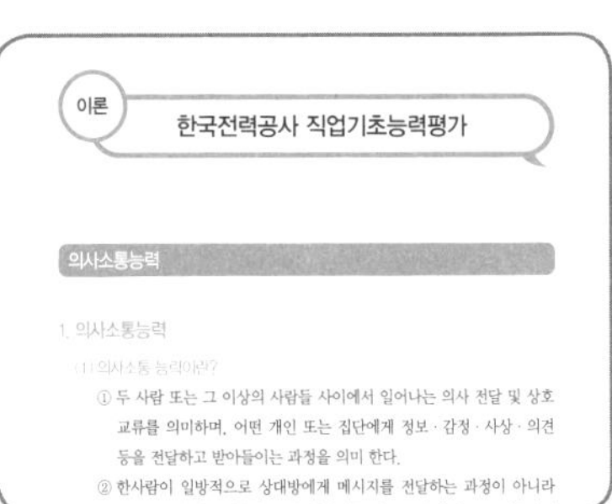

이론 한국전력공사 직업기초능력평가

의사소통능력

1. 의사소통능력

(1) 의사소통 능력이란?

① 두 사람 또는 그 이상의 사람들 사이에서 일어나는 의사 전달 및 상호 교류를 의미하며, 어떤 개인 또는 집단에게 정보 · 감정 · 사상 · 의견 등을 전달하고 받아들이는 과정을 의미 한다.

② 한사람이 일방적으로 상대방에게 메시지를 전달하는 과정이 아니라

기출유형문제

최신 출제 경향을 최대 반영한 실전모의고사 형태의 대표유형 문제들을 수록하여 학습을 마무리한 후 최종점검을 할 수 있도록 하였다.

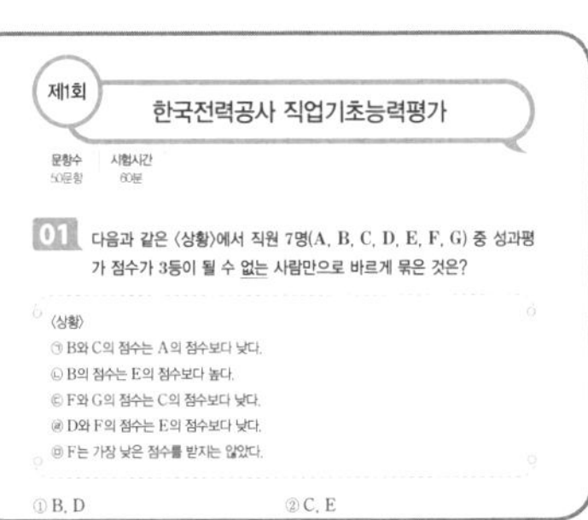

제1회 한국전력공사 직업기초능력평가

문항수	시험시간
50문항	60분

01 다음과 같은 〈상황〉에서 직원 7명(A, B, C, D, E, F, G) 중 성과평가 점수가 3등이 될 수 없는 사람만으로 바르게 묶은 것은?

〈상황〉
㉠ B와 C의 점수는 A의 점수보다 낮다.
㉡ B의 점수는 E의 점수보다 높다.
㉢ F와 G의 점수는 C의 점수보다 낮다.
㉣ D와 F의 점수는 E의 점수보다 낮다.
㉤ F는 가장 낮은 점수를 받지는 않았다.

① B, D ② C, E

정답 및 해설

이론을 따로 참고하지 않아도 명쾌하게 이해할 수 있도록 상세한 설명과 오답해설을 함께 수록하여 학습한 내용을 체크하고 시험에 완벽히 대비할 수 있도록 하였다.

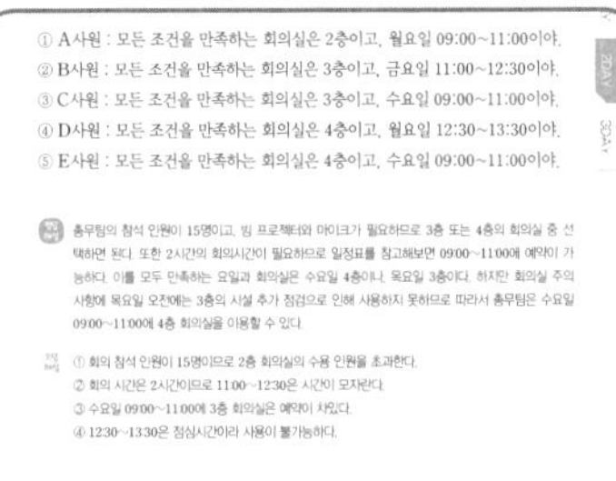

① A사원 : 모든 조건을 만족하는 회의실은 2층이고, 월요일 09:00~11:00이야.
② B사원 : 모든 조건을 만족하는 회의실은 3층이고, 금요일 11:00~12:30이야.
③ C사원 : 모든 조건을 만족하는 회의실은 3층이고, 수요일 09:00~11:00이야.
④ D사원 : 모든 조건을 만족하는 회의실은 4층이고, 월요일 12:30~13:30이야.
⑤ E사원 : 모든 조건을 만족하는 회의실은 4층이고, 수요일 09:00~11:00이야.

총무팀의 참석 인원이 15명이고, 빔 프로젝터와 마이크가 필요하므로 3층 또는 4층의 회의실 중 선택하면 된다. 또한 2시간의 회의시간이 필요하므로 일정표를 참고해보면 09:00~11:00에 예약이 가능하다. 이를 모두 만족하는 요일과 회의실은 수요일 4층이나, 목요일 3층이다. 하지만 회의실 주의사항에 목요일 오전에는 3층의 시설 추가 점검으로 인해 사용하지 못하므로 따라서 총무팀은 수요일 09:00~11:00에 4층 회의실을 이용할 수 있다.

① 회의 참석 인원이 15명이므로 2층 회의실의 수용 인원을 초과한다.
② 회의 시간은 2시간이므로 11:00~12:30은 시간이 모자란다.
③ 수요일 09:00~11:00에 3층 회의실은 예약이 차있다.
④ 12:30~13:30은 점심시간이라 사용이 불가능하다.

차 례

한국전력공사

1 KEPCO의 역할

KEPCO는 전원개발 촉진, 전력수급 안정화, 국민경제 발전 기여를 목적으로 '한국전력공사법'에 의해 설립된 법인이며, '공공기관의운영에관한법률'에 따라 시장형 공기업으로 분류됩니다. KEPCO는 설립목적에 따라 전력자원의 개발, 발전, 송전, 변전, 배전 및 이와 관련되는 영업, 연구 및 기술 개발, 해외사업, 투자 또는 출연, 보유부동산 활용사업을 수행하고 있습니다.

2 미션

KEPCO는 고품질 전력의 안정적인 공급과 차별화된 고객서비스 제공 및 글로벌 경쟁력 강화를 위해 노력하며, 끊임없는 도전과 혁신으로 미래 에너지산업을 이끌 글로벌 기업으로 도약합니다.

1) 설립목적(한전법 제1조)

전원개발을 촉진하고 전기사업의 합리적인 운영을 기함으로써 전력수급의 안정을 도모하고 국민경제 발전에 이바지하게 함을 목적으로 한다.

2) 임무(한전법 제13조)

① 전력자원의 개발
② 발전, 송전, 변전, 배전 및 이와 관련되는 영업
③ 상기 ①~②호 관련 사업에 대한 연구 및 기술개발
④ 상기 ①~③호 관련 사업에 대한 해외사업
⑤ 상기 ①~④호 관련 사업에 대한 투자 또는 출연
⑥ 상기 ①~⑤호에 부대되는 사업
⑦ 보유부동산 활용사업('10. 10. 13부터 시행)
⑧ 기타 정부로부터 위탁받은 사업

3 지원자격

구분	지원자격
학력 · 전공	• 사무 : 학력 및 전공 제한 없음 • 전기 / ICT / 토목 / 건축 / 기계 / 원자력 – 해당분야 전공자 또는 해당 분야 기사 이상* 자격증 보유자 * 단, 전기 분야는 산업기사 이상
외국어	• 대상 : 영어 등 8개 외국어 • 자격기준 : 700점 이상(TOEIC 기준) • 유효성적 : '18. 7. 1 이후 응시하고 접수 마감일까지 발표한 국내 정기시험 성적만 인정 * 고급자격증 보유자는 외국어성적 면제 * 해외학위자도 유효 외국어 성적을 보유해야 지원 가능함
연령	• 제한없음(단, 공사 정년에 도달한 자는 지원불가)
병역	• 병역법 제76조에서 정한 병역의무 불이행 사실이 없는 자
기타	• 당사 인사관리규정 제11조 신규채용자의 결격사유가 없는 자 • 즉시 근무 가능한 자

4 전형절차

서류전형 – 직무능력검사 · 인성검사 – 직무면접 – 종합면접 – 신체검사 · 신원조사

5 주요 전형별 세부 평가요소

구분	사무	전기	ICT · 토목 · 건축 · 기계 · 원자력
직무능력검사	(공통) 의사소통능력, 수리능력, 문제해결능력		
	자원관리능력 정보능력	자원관리능력 기술능력(전공문항)	정보능력 기술능력(전공문항)
인성검사	태도, 직업윤리, 대인관계능력 등 인성 전반		
직무면접	전공지식 등 직무수행능력 평가		
종합면접	인성, 조직적합도 등 종합 평가		

※ 사무 분야를 제외한 기술 분야의 경우 NCS 40문항 + 전공 15문항(기술능력 대체) 평가(총 55문항)

- 사무 : NCS 50문항(100점) / 기술 : NCS 40문항(70점) + 전공 15문항(30점)
- 기술 분야의 전공문항은 관련 분야의 기사(필기 및 실기) 수준으로 출제

6 기타사항

- 1차 서류전형은 지원자가 입력한 내용만으로 합격자 결정을 하며, 각종 증빙서류는 3차 전형 합격자에 한하여 추후 접수하며, 면접전형시 면접관에게 제공되지 않음 (증빙서류는 지원자격 · 가점 적용대상 여부 확인만을 위해 활용)
- 지원서 허위작성 또는 증빙서 위변조, 시험 부정행위 발생 시 불합격 처리하고, 향후 5년간 우리 회사 입사지원을 제한할 수 있음
- 지원서 접수 시 입력착오 등으로 인한 불합격이나 손해에 대한 모든 책임은 지원자 본인에게 있음
- 자의 또는 타의에 의한 부정청탁으로 인해 합격된 사실이 확인될 경우 당해 합격을 취소하며, 향후 5년간 공공기관 채용시험 응시자격이 제한될 수 있음
- 전형시 본인의 수험표와 신분증(주민등록증, 여권, 운전면허증 한정)을 지참해야 하며 학생증 등 기타 신분증으로는 응시할 수 없음. 신분증을 분실한 경우 거주지 관할 주민센터에서 발급받은 '주민등록증 발급신청 확인서'를 제출 (수험표 출력은 각 전형 합격자에 한해 출력 가능)
- 4차전형 합격자의 신체검사 · 신원조사 부적격 판정 시 또는 최종합격자 미입사 시 예비합격자(4차전형 차순위자순)를 최종합격 처리할 수 있음 (예비합격자 명단은 4차전형 합격자 발표 시 별도 공지)
- 단계별 전형 결과 회사에서 정한 기준(필기점수 미달, 면접 탈락 등)에 미달하는 경우 합격배수 · 선발예정인원보다 적은 인원을 선발할 수 있음
- 전형단계별 평가기준 · 선발배수, 지원자격 등은 향후 회사사정에 따라 일부 변경될 수 있음

※ 자세한 사항은 당사 홈페이지를 참조하시기 바랍니다.

한국전력공사 직업기초능력평가

이론

한국전력공사 직업기초능력평가

의사소통능력

1. 의사소통능력

(1) 의사소통 능력이란?

① 두 사람 또는 그 이상의 사람들 사이에서 일어나는 의사 전달 및 상호 교류를 의미하며, 어떤 개인 또는 집단에게 정보 · 감정 · 사상 · 의견 등을 전달하고 받아들이는 과정을 의미 한다.

② 한사람이 일방적으로 상대방에게 메시지를 전달하는 과정이 아니라 상대방과의 상호작용을 통해 메시지를 다루는 과정이므로, 성공적인 의사소통을 위해서는 자신이 가진 정보와 의견을 상대방이 이해하기 쉽게 표현해야 할 뿐 아니라 상대방이 어떻게 받아들일 것인가에 대해서도 고려해야 한다.

③ **의사소통의 기능** : 조직과 팀의 효율성과 효과성을 성취할 목적으로 이루어지는 정보 및 지식의 전달 과정으로써, 여러 사람의 노력으로 공동의 목표를 추구해 나가는 집단의 기본적인 존재 기반이자 성과를 결정하는 핵심 기능을 한다.

④ **의사소통의 중요성** : 제각기 다른 사람들의 시각 차이를 좁혀주며, 선입견을 줄이거나 제거해 주는 수단이다.

(2) 의사소통능력의 종류

① 문서적인 측면

㉠ **문서이해능력** : 업무에 관련된 문서를 통해 구체적인 정보를 획득 · 수집 · 종합하는 능력

㉡ **문서작성능력** : 상황과 목적에 적합한 문서를 시각적 · 효과적으로 작성하는 능력

② 언어적인 측면

㉠ **경청능력** : 원활한 의사소통의 방법으로, 상대방의 이야기를 듣고 의미를 파악하는 능력

㉡ **의사표현력** : 자신의 의사를 상황과 목적에 맞게 설득력을 가지고 표현하는 능력

1DAY 2DAY 3DAY

(3) 바람직한 의사소통을 저해하는 요인

① '일방적으로 말하고', '일방적으로 듣는' 무책임한 마음

→ 의사소통 기법의 미숙, 표현 능력의 부족, 이해 능력의 부족

② '전달했는데', '아는 줄 알았는데'라고 착각하는 마음

→ 평가적이며 판단적인 태도, 잠재적 의도

③ '말하지 않아도 아는 문화'에 안주하는 마음

→ 과거의 경험, 선입견과 고정관념

(4) 의사소통능력 개발

① 사후검토와 피드백 활용

② 언어의 단순화

③ 적극적인 경청

④ 감정의 억제

(5) 인상적인 의사소통

① 인상적인 의사소통이란, 의사소통 과정에서 상대방에게 같은 내용을 전달한다고 해도 이야기를 새롭게 부각시켜 좋은 인상을 주는 것이다.

② 상대방이 '과연'하며 감탄하도록 내용을 전달하는 것이다.

③ 자신에게 익숙한 말이나 표현만을 고집스레 사용하면 전달하고자 하는 이야기의 내용에 신선함과 풍부함, 또는 맛깔스러움이 떨어져 의

사소통에 집중하기가 어렵다. 상대방의 마음을 끌어당길 수 있는 표현법을 많이 익히고 이를 활용해야 한다.

④ 자신을 인상적으로 전달하려면, 선물 포장처럼 자신의 의견도 적절히 꾸미고 포장할 수 있어야 한다.

2. 문서이해능력

(1) 문서이해능력이란?

① 작업현장에서 자신의 업무와 관련된 인쇄물이나 기호화된 정보 등 필요한 문서를 확인하여 문서를 읽고, 내용을 이해하여 요점을 파악하는 능력이다.

② 문서에서 주어진 문장이나 정보를 읽고 이해하여 자신에게 필요한 행동이 무엇인지 추론할 수 있어야 하며 도표, 수, 기호 등도 이해하고 표현할 수 있는 능력을 의미한다.

(2) 문서의 종류와 용도

① **공문서** : 정부 행정기관에서 대내외적 공무를 집행하기 위해 작성하는 문서

② **기획서** : 적극적으로 아이디어를 내고 기획해 하나의 프로젝트를 문서 형태로 만들어, 상대방에게 기획의 내용을 전달하고 기획을 시행하도록 설득하는 문서

③ **기안서** : 회사의 업무에 대한 협조를 구하거나 의견을 전달할 때 작성하며 흔히 사내 공문서로 불림

④ **보고서** : 특정한 일에 관한 현황이나 그 진행 상황 또는 연구 · 검토 결과 등을 보고할 때 작성하는 문서

⑤ **설명서** : 상품의 특성이나 사물의 성질과 가치, 작동 방법이나 과정을 소비자에게 설명하는 것을 목적으로 작성하는 문서

⑥ **보도자료** : 정부 기관이나 기업체, 각종 단체 등이 언론을 상대로 자신들의 정보가 기사로 보도되도록 하기 위해 보내는 자료

⑦ **자기소개서** : 개인의 가정환경과 성장과정, 입사 동기와 근무자세 등을 구체적으로 기술하여 자신을 소개하는 문서

⑧ **비즈니스 레터(E-mail)** : 사업상의 이유로 고객이나 단체에 편지를 쓰는 것이며, 직장 업무나 개인 간의 연락, 직접 방문하기 어려운 고객관리 등을 위해 사용되는 문서이나, 제안서나 보고서 등 공식적인 문서를 전달하는 데도 사용된다.

⑨ **비즈니스 메모** : 업무상 필요한 중요한 일이나 앞으로 체크해야 할 일이 있을 때 필요한 내용을 메모 형식으로 작성하여 전달하는 글이다.

(3) 문서 이해의 구체적 절차

① 문서의 목적 이해하기

② 문서가 작성된 배경과 주제 파악하기

③ 문서에 쓰여진 정보를 밝혀내고 문제가 제시하고 있는 현안문제 파악하기

④ 문서를 통해 상대방의 욕구와 의도 및 나에게 요구하는 행동에 관한 내용 분석하기

⑤ 문서에서 이해한 목적 달성을 위해 취해야 할 행동을 생각하고 결정하기

⑥ 상대방의 의도를 도표나 그림 등으로 메모하여 요약 · 정리해보기

(4) 문서이해를 위해 필요한 사항

① 각 문서에서 꼭 알아야 하는 중요한 내용만을 골라 필요한 정보를 획득하고 수집, 종합하는 능력

② 다양한 종류의 문서를 읽고, 구체적인 절차에 따라 이해하고 정리하는 습관을 들여 문서이해능력과 내용종합능력을 키워나가는 노력

③ 책이나 업무에 관련된 문서를 읽고, 나만의 방식으로 소화하여 작성할 수 있는 능력

3. 문서작성능력

(1) 문서작성능력이란?

① 직업생활에서 목적과 상황에 적합한 아이디어나 정보를 전달할 수 있도록 문서를 작성할 수 있는 능력이다.

② 문서작성을 할 때에는 문서를 왜 작성해야 하며, 문서를 통해 무엇을 전달하고자 하는지를 명확히 한 후에 작성해야 한다.

③ 문서작성 시에는 대상, 목적, 시기, 기대효과(기획서나 제안서 등의 경우)가 포함되어야 한다.

④ 문서작성의 구성요소

㉠ 품위 있고 짜임새 있는 골격

㉡ 객관적이고 논리적이며 체계적인 내용

㉢ 이해하기 쉬운 구조

㉣ 명료하고 설득력 있는 구체적인 문장

㉤ 세련되고 인상적이며 효과적인 배치

(2) 종류에 따른 문서작성법

공문서	• 누가, 언제, 어디서, 무엇을, 어떻게(왜)가 정확하게 드러나야 한다. • 날짜 작성 시 연도와 월일을 함께 기입하며 날짜 다음에 괄호를 사용할 경우에는 마침표를 찍지 않는다. • 내용은 한 장에 담아내는 것이 원칙이다. • 마지막에는 반드시 '끝'자로 마무리 한다. • 복잡한 내용은 항목 별로 구분한다.('－다음－' 또는 '－아래－') • 대외문서이고 장기간 보관되는 문서이므로 정확하게 기술한다.
설명서	• 명령문보다는 평서형으로 작성한다. • 정확하고 간결하게 작성한다. • 소비자들이 이해하기 어려운 전문용어는 가급적 사용을 삼간다. • 복잡한 내용은 도표를 통해 시각화하여 이해도를 높인다. • 동일한 문장 반복을 피하고 다양하게 표현하는 것이 좋다.

기획서	• 핵심 사항을 정확하게 기입하고, 내용의 표현에 신경 써야 한다. • 상대방이 요구하는 것이 무엇인지 고려하여 작성한다. • 내용이 한눈에 파악되도록 체계적으로 목차를 구성한다. • 효과적인 내용전달을 위해 표나 그래프 등의 시각적 요소를 활용한다. • 충분히 검토를 한 후 제출하도록 한다. • 인용한 자료의 출처가 정확한지 확인한다.
보고서	• 진행과정에 대한 핵심내용을 구체적으로 제시한다. • 내용의 중복을 피하고 핵심사항만 간결하게 작성한다. • 참고자료는 정확하게 제시한다. • 내용에 대한 예상 질문을 사전에 추출해보고, 그에 대한 답을 미리 준비한다.

수리능력

1. 수리능력

(1) 수리능력이란?

직장생활에서 요구되는 사칙연산과 기초적인 통계를 이해하고, 도표 또는 자료(데이터)를 정리 · 요약하여 의미를 파악하거나, 도표를 이용해서 합리적인 의사결정을 위한 객관적인 판단근거로 제시하는 능력이다.

(2) 구성요소

① **기초연산능력**

직장생활에서 필요한 기초적인 사칙연산과 계산방법을 이해하고 활용하는 능력

② **기초통계능력**

직장생활에서 평균, 합계, 빈도와 같은 기초적인 통계기법을 활용하여 자료를 정리하고 요약하는 능력

③ **도표분석능력**

직장생활에서 도표(그림, 표, 그래프 등)의 의미를 파악하고, 필요한 정보를 해석하여 자료의 특성을 규명하는 능력

2. 사칙연산

(1) 사칙연산이란?

수 또는 식에 관한 덧셈(+), 뺄셈(−), 곱셈(×), 나눗셈(÷) 네 종류의 계산법이다. 보통 사칙연산은 정수나 분수 등에서 계산할 때 활용되며, 여러 부호가 섞여 있을 경우에는 곱셈과 나눗셈을 먼저 계산한다.

(2) 수의 계산

구분	덧셈(+)	곱셈(×)
교환법칙	$a+b=b+a$	$a\times b=b\times a$
결합법칙	$(a+b)+c=a+(b+c)$	$(a\times b)\times c=a\times(b\times c)$
분배법칙	$(a+b)\times c=a\times c+b\times c$	

3. 검산방법

(1) 역연산

답에서 거꾸로 계산하는 방법으로 덧셈은 뺄셈으로, 뺄셈은 덧셈으로, 곱셈은 나눗셈으로, 나눗셈은 곱셈으로 바꾸어 확인하는 방법이다.

(2) 구거법

어떤 수를 9로 나눈 나머지는 그 수의 각 자리 숫자의 합을 9로 나눈 나머지와 같음을 이용하여 확인하는 방법이다.

4. 단위환산

(1) 단위의 종류

① **길이** : 물체의 한 끝에서 다른 한 끝까지의 거리 (mm, cm, m, km 등)

② **넓이(면적)** : 평면의 크기를 나타내는 것 (mm^2, cm^2, m^2, km^2 등)

③ **부피** : 입체가 점유하는 공간 부분의 크기 (mm^3, cm^3, m^3, km^3 등)

④ **들이** : 통이나 그릇 따위의 안에 넣을 수 있는 물건 부피의 최댓값 (mℓ, dℓ, ℓ, kℓ 등)

(2) 단위환산표

단위	단위환산
길이	1cm=10mm, 1m=100cm, 1km=1,000m=100,000cm
넓이	$1cm^2=100mm^2$, $1m=10,000cm^2$, $1km^2=1,000,000m^2$
부피	$1cm^3=1,000mm^3$, $1m^3=1,000,000cm^3$, $1km^3=1,000,000,000m^3$
들이	$1mℓ=1cm^3$, $1dℓ=100cm^3=100mℓ$, $1ℓ=1,000cm^3=10dℓ$
무게	1kg=1,000g, 1t=1,000kg=1,000,000g
시간	1분=60초, 1시간=60분=3,600초
할푼리	1푼=0.1할, 1리=0.01할, 모=0.001할

문제해결능력

1. 문제

(1) 문제란?

원활한 업무수행을 위해 해결되어야 하는 질문이나 의논 대상을 의미한다.

※ **문제점** : 문제의 근본원인이 되는 사항으로 문제해결에 필요한 열쇠인 핵심 사항

(2) 문제의 분류

구분	창의적 문제	분석적 문제
문제제시 방법	현재 문제가 없더라도 보다 나은 방법을 찾기 위한 문제 탐구로 문제자체가 명확하지 않음	현재의 문제점이나 미래의 문제로 예견될 것에 대한 문제 탐구로, 문제자체가 명확함
해결 방법	창의력에 의한 많은 아이디어의 작성을 통해 해결	분석, 논리, 귀납과 같은 논리적 방법을 통해 해결
해답 수	해답의 수가 많으며, 많은 답 가운데 보다 나은 것을 선택	답의 수가 적으며, 한정되어 있음
주요 특징	주관적, 직관적, 감각적, 정성적, 개별적, 특수성	객관적, 논리적, 정량적, 이성적, 일반적, 공통성

(3) 문제의 유형

① 기능에 따른 문제 유형

제조문제, 판매문제, 자금문제, 인사문제, 경리문제, 기술상 문제

② 해결방법에 따른 문제 유형

논리적 문제, 창의적 문제

③ 시간에 따른 문제유형

과거문제, 현재문제, 미래문제

④ 업무수행과정 중 발생한 문제유형

발생형 문제 (보이는 문제)	• 눈앞에 발생되어 당장 걱정하고 해결하기 위해 고민하는 문제 • 눈에 보이는 이미 일어난 문제 • 원인지향적인 문제
탐색형 문제 (찾는 문제)	• 현재의 상황을 개선하거나 효율을 높이기 위한 문제 • 눈에 보이지 않는 문제 • 잠재문제, 예측문제, 발견문제
설정형 문제 (미래 문제)	• 미래상황에 대응하는 장래의 경영전략의 문제 • 앞으로 어떻게 할 것인가 하는 문제 • 목표 지향적 문제 • 창조적 문제

2. 문제해결

(1) 문제해결의 정의 및 의의

① 정의

문제해결이란 목표와 현상을 분석하고, 이 분석 결과를 토대로 주요과제를 도출하여 바람직한 상태나 기대되는 결과가 나타나도록 최적의 해결안을 찾아 실행, 평가해 가는 활동을 의미한다.

② 의의

㉠ **조직 측면** : 자신이 속한 조직의 관련분야에서 세계 일류수준을 지향하며, 경쟁사와 대비하여 탁월하게 우위를 확보하기 위해 끊임없는 문제해결 요구

㉡ **고객 측면** : 고객이 불편하게 느끼는 부분을 찾아 개선과 고객감동을 통한 고객만족을 높이는 측면에서 문제해결 요구

㉢ **자기 자신 측면** : 불필요한 업무를 제거하거나 단순화하여 업무를 효율적으로 처리하게 됨으로써 자신을 경쟁력 있는 사람으로 만들어 나가는데 문제해결 요구

(2) 문제해결의 기본요소

① 체계적인 교육훈련
② 문제해결방법에 대한 지식
③ 문제에 관련된 해당지식 가용성
④ 문제해결자의 도전의식과 끈기
⑤ 문제에 대한 체계적인 접근

(3) 문제해결 시 갖추어야할 사고

① 전략적 사고

현재 당면하고 있는 문제와 그 해결방법에만 집착하지 말고, 그 문제와 해결방안이 상위 시스템 또는 다른 문제와 어떻게 연결되어 있는지를 생각하는 것이 필요하다.

② 분석적 사고

전체를 각각의 요소로 나누어 그 요소의 의미를 도출한 다음 우선순위를 부여하고 구체적인 문제해결방법을 실행하는 것이 요구된다.

㉠ 성과 지향의 문제 : 기대하는 결과를 명시하고 효과적으로 달성하는 방법을 사전에 구상하고 실행에 옮긴다.
㉡ 가설 지향의 문제 : 현상 및 원인분석 전에 지식과 경험을 바탕으로 일의 과정이나 결과, 결론을 가정한 다음 검증 후 사실일 경우 다음 단계의 일을 수행한다.
㉢ 사실 지향의 문제 : 일상 업무에서 일어나는 상식, 편견을 타파하여 객관적 사실로부터 사고와 행동을 출발한다.

③ 발상의 전환

기존에 갖고 있는 사물과 세상을 바라보는 인식의 틀을 전환하여 새로운 관점에서 바로 보는 사고를 지향한다.

④ 내 · 외부자원의 효과적인 활용

문제해결 시 기술, 재료, 방법, 사람 등 필요한 자원 확보 계획을 수립하고 내 · 외부자원을 효과적으로 활용한다.

(4) 문제해결 시 방해요소

① 문제를 철저하게 분석하지 않는 경우

어떤 문제가 발생하면 직관에 의해 성급하게 판단하여 문제의 본질을 명확하게 분석하지 않고 대책안을 수립하여 실행함으로써 근본적인 문제해결을 하지 못하거나 새로운 문제를 야기하는 결과를 초래할 수 있다.

② 고정관념에 얽매이는 경우

상황이 무엇인지를 분석하기 전에 개인적인 편견이나 경험, 습관으로 증거와 논리에도 불구하고 정해진 규정과 틀에 얽매여서 새로운 아이디어와 가능성을 무시해 버릴 수 있다.

③ 쉽게 떠오르는 단순한 정보에 의지하는 경우

문제해결에 있어 종종 우리가 알고 있는 단순한 정보들에 의존하여 문제를 해결하지 못하거나 오류를 범하게 된다.

④ 너무 많은 자료를 수집하려고 노력하는 경우

무계획적인 자료 수집은 무엇이 제대로 된 자료인지를 알지 못하는 실수를 범할 우려가 많다.

(5) 문제해결 방법

① 소프트 어프로치(Soft approach)

- 대부분의 기업에서 볼 수 있는 전형적인 스타일이다.
- 문제해결을 위해서 직접적인 표현이 바람직하지 않다고 여기며, 무언가를 시사하거나 암시를 통하여 의사를 전달한다.

- 결론이 애매하게 끝나는 경우가 적지 않으나, 그것은 그것대로 이심전심을 유도하여 파악한다.

② 하드 어프로치(Hard approach)

- 서로의 생각을 직설적으로 주장하고 논쟁이나 협상을 통해 서로의 의견을 조정해 가는 방법이다.
- 중심적 역할을 하는 것은 논리, 즉 사실과 원칙에 근거한 토론이다.
- 합리적이긴 하지만 잘못하면 단순한 이해관계의 조정에 그치고 말아서 그것만으로는 창조적인 아이디어나 높은 만족감을 이끌어 내기 어렵다.

③ 퍼실리테이션(Facilitation)

- 깊이 있는 커뮤니케이션을 통해 서로의 문제점을 이해하고 공감함으로써 창조적인 문제해결을 도모한다.
- 구성원의 동기가 강화되고 팀워크도 한층 강화된다는 특징을 보인다.
- 구성원이 자율적으로 실행하는 것이며, 제 3자가 합의점이나 줄거리를 준비해놓고 예정대로 결론이 도출되어 가는 것이어서는 안 된다.

※ 퍼실리테이션에 필요한 기본 역량

① 문제의 탐색과 발견

② 문제해결을 위한 구성원 간의 커뮤니케이션 조정

③ 합의를 도출하기 위한 구성원들 사이의 갈등 관리

자원관리능력

1. 자원관리능력

(1) 자원관리능력이란?

자원관리능력은 직장생활에서 시간, 예산, 물적자원, 인적자원 등의 자원 가운데 무엇이 얼마나 필요한지를 확인하고, 이용 가능한 자원을 최대한 수집하여 실제 업무에 어떻게 활용할 것인지를 계획하고, 계획대로 업무 수행에 이를 할당하는 능력이다.

(2) 자원의 종류

① **시간관리능력** : 기업 활동에서 필요한 시간자원을 파악하고, 시간자원을 최대한 확보하여 실제 업무에 어떻게 활용할 것인지에 대한 시간계획을 수립하고, 이에 따라 시간을 효율적으로 활용하여 관리하는 능력

② **예산관리능력** : 기업 활동에서 필요한 예산을 파악하고, 예산을 최대한 확보하여 실제 업무에 어떻게 활용할 것인지에 대한 예산계획을 수립하고, 이에 따른 예산을 효율적으로 집행하여 관리하는 능력

③ **물적자원관리능력** : 기업 활동에서 필요한 물적자원(재료, 시설자원 등)을 파악하고, 물적자원을 최대한 확보하여 실제 업무에 어떻게 활용할 것인지에 대한 계획을 수립하고, 이에 따른 물적자원을 효율적으로 활용하여 관리하는 능력

④ **인적자원관리능력** : 기업 활동에서 필요한 인적자원을 파악하고, 인적자원을 최대한 확보하여 실제 업무에 어떻게 배치할 것인지에 대한 예산계획을 수립하고, 이에 따른 인적자원을 효율적으로 배치하여 관리하는 능력

(3) 자원관리의 과정

필요한 자원의 종류와 양 파악 → 이용 가능한 자원수집 → 자원활용 계획 수립 → 계획에 따른 수행

(4) 자원의 낭비 요인

① **비계획적 행동** : 자원 활용에 대한 계획 없이 충동적이고 즉흥적으로 행동하는 경우

② **편리성 추구** : 자원의 활용 시 자신의 편리함을 최우선으로 추구하는 경우

③ **자원에 대한 인식 부재** : 자신이 중요한 자원을 가지고 있다는 인식이 없는 경우

④ **노하우 부족** : 자원관리의 중요성은 알고 있으나 효과적으로 수행하는 방법을 알지 못하는 경우

2. 시간관리능력

(1) 시간의 특성

① 시간은 매일 24시간이 반복적으로 주어진다.

② 시간은 일정한 속도로 진행된다.

③ 시간의 흐름은 멈출 수 없다.

④ 시간은 빌리거나 저축할 수 없다.

⑤ 시간을 사용하는 방법에 따라 가치가 달라진다.

⑥ 시절에 따라 밀도와 가치가 다르다.

(2) 시간관리의 효과

① 기업 입장에서 시간관리의 효과

- 생산성 향상
- 가격 인상

- 위험 감소
- 시장 점유율 증가

② **개인 입장에서 시간관리의 효과**

- 스트레스 감소
- 균형적인 삶
- 생산성 향상
- 목표 성취

(3) 시간의 낭비요인

① **외적인 요인** : 본인이 조절할 수 없는 외부인이나 외부에서 발생하는 시간에 의한 것

② **내적인 요인** : 계획의 부족이나 우유부단함 등 개인 내부의 습관에 인한 것

(4) 시간 계획

① **의의** : 시간자원을 최대한 활용하기 위하여 가장 많이 반복되는 일에 가장 많은 시간을 분배하고, 최단시간에 최선의 목표를 달성한다.

② **시간계획의 순서**

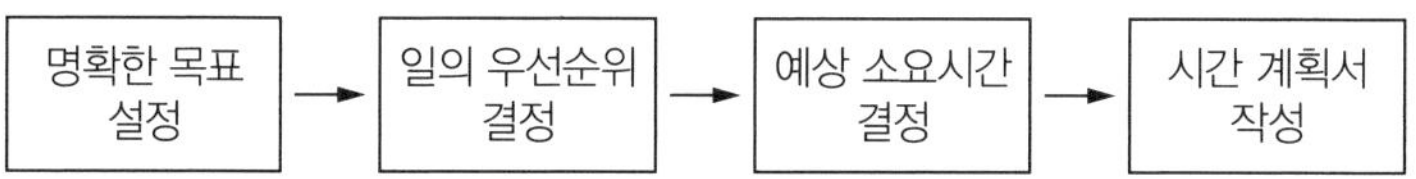

※ 일의 우선순위 판단 매트릭스

구분	긴급함	긴급하지 않음
중요함	• 긴급하면서 중요한 일 – 위기 상황 – 급박한 문제 – 기간이 정해진 프로젝트	• 긴급하지 않지만 중요한 일 – 인간관계 구축 – 새로운 기회 발굴 – 중장기 계획

중요하지 않음	• 긴급하지만, 중요하지 않은 일 – 잠깐의 급한 질문 – 일부 보고서 및 회의 – 눈앞의 급박한 상황	• 긴급하지 않고 중요하지 않은 일 – 하찮은 일 – 우편물, 전화 – 시간 낭비거리

③ **시간계획의 기본원리(60 : 40 Rule)** : 계획된 행동 60%, 비계획된 행동 40%(계획 외의 행동 20%, 자발적 행동 20%)로 시간 계획을 세운다.

정보능력

1. 정보능력

(1) 정보능력이란?

직장생활에서 컴퓨터를 활용하여 수많은 정보 중에서 필요한 정보를 수집하고, 분석하며, 매일 수십 개의 정보가 생성 · 소멸될 정도로 변화가 빠른 정보화시대에서 정보능력은 필수적이다.

(2) 자료 · 정보 · 지식의 차이

구분	내용	활용예시
자료	• 정보작성을 위하여 필요한 데이터 • 객관적 실제의 반영이며, 그것을 전달 할 수 있도록 기호화 한 것	• 고객의 주소, 성별, 이름, 나이, 스마트폰 기종, 스마트폰 활용 횟수 등
정보	• 자료를 특정한 목적과 문제해결에 도움이 되도록 가공한 것	• 중년층의 스마트폰 기종 • 중년층의 스마트폰 활용 횟수
지식	• 정보를 집적하고 체계화하여 장래의 일반적인 사항에 대비해 보편성을 갖도록 한 것	• 스마트폰 디자인에 대한 중년층의 취향 • 중년층을 주요 타깃으로 신종 스마트폰 개발

(3) 정보화 사회

① 정보화 사회란?

이 세상에서 필요로 하는 정보가 사회의 중심이 되는 사회로서 컴퓨터 기술과 정보통신 기술을 활용하여 사회 각 분야에서 필요로 하는 가치 있는 정보를 창출하고, 보다 유익하고 윤택한 생활을 영위하는 사회로 발전시켜 나가는 것을 의미한다.

② 미래의 사회

㉠ 부가가치 창출요인이 토지, 자본, 노동에서 지식 및 정보 생산 요소로 전환

※ 미래사회를 이끌어갈 주요산업 (6T) : 정보기술(IT), 생명공학(BT), 나노기술(NT), 환경기술(ET), 문화산업(CT), 우주항공기술(ST)

㉡ 세계화의 진전

세계화는 모든 국가의 시장이 국경 없는 하나의 세계 시장으로 통합됨을 의미한다. 이때 세계 시장에서 실물 상품뿐만 아니라 노동, 자본, 기술 등의 생산요소와 교육과 같은 서비스의 국제 교류도 모두 포함된다.

㉢ 지식의 폭발적인 증가

미래사회에서는 지식 특히, 과학적 지식이 폭발적으로 증가할 것이다. 2050년경이 되면 지식이 급증하여 지금의 지식은 1% 밖에 사용할 수 없게 될 것이라고 전망하는 미래학자도 있다.

③ 정보화 사회에서 필수적으로 해야 할 일

㉠ 정보검색

㉡ 정보관리

㉢ 정보전파

(4) 컴퓨터의 활용

① **기업 경영 분야에서의 활용**

생산에서부터 판매, 회계, 재무, 인사 및 조직관리는 물론 금융 업무까지도 활용하고 있다. 특히 경영정보시스템(MIS), 의사결정지원시스템(DSS), 사무자동화(OA), 전자상거래(EC)등을 이용하여 업무처리의 효율을 높이고 있다.

② **행정 분야에서의 활용**

행정기관에서 민원처리, 각종 행정 통계 등의 여러 가지 행정에 관련된 정보를 데이터베이스를 구축하여 활용하고 있다.

③ **산업 분야에서의 활용**

공업, 상업 등 각 분야에서 널리 활용될 뿐만 아니라 중요한 역할을 담당하고 있다. 특히 컴퓨터 이용 설계(CAD)와 컴퓨터 이용 생산(CAM) 등을 이용하여 제품의 경쟁력을 높이고 있다.

④ **기타 분야에서의 활용**

컴퓨터는 교육, 연구소, 출판, 가정, 도서관, 예술 분야 등에서도 널리 활용되고 있다. 특히 교육에서 컴퓨터 보조 교육(CAI), 컴퓨터 관리 교육(CMI)과 복잡한 계산이나 정밀한 분석 및 실험 등의 여러 가지 형태로 이용되고 있다.

2. 컴퓨터 활용 능력

(1) 인터넷 서비스

① **전자우편(E-mail) 서비스** : 정보 통신망을 이용하여 다른 사용자들과 편지나 여러 정보를 주고받는 통신 방법을 말한다. 전자우편의 주소는 3개의 기본요소인 이름, @, 도메인 이름을 가지고 있다.

② **인터넷 디스크/웹하드** : 웹 서버에 대용량의 저장 기능을 갖추고 사용자가 개인용 컴퓨터의 하드디스크와 같은 기능을 인터넷을 통하여 이용할

수 있게 하는 서비스를 의미한다.

③ **메신저** : 인터넷에서 실시간으로 메시지와 데이터를 주고받을 수 있는 소프트웨어이다.

④ **전자 상거래(인터넷을 통해 물건 사고팔기)** : 좁은 뜻으로는 인터넷이라는 전자적인 매체를 통하여 상품을 사고팔거나 재화나 용역을 거래하는 사이버 비즈니스를 뜻한다. 넓은 뜻으로는 소비자와의 거래뿐만 아니라 거래와 관련된 공급자, 금융기관, 정부기관, 운송기관 등과 같이 거래에 관련되는 모든 기관과의 관련행위를 포함하는 뜻이다.

(2) 정보검색

① **정보검색이란?**

여러 곳에 분산되어 있는 수많은 정보 중에서 특정 목적에 적합한 정보만을 신속하고 정확하게 찾아내어 수집, 분류, 축적하는 과정을 뜻한다.

② **정보검색 단계**

검색주제 선정 → 정보원 선택 → 검색식 작성 → 결과 출력

③ **검색엔진의 유형**

㉠ **키워드 검색 방식** : 찾고자 하는 정보와 관련된 핵심적인 언어인 키워드를 직접 입력하여 이를 검색 엔진에 보내어 검색엔진이 키워드와 관련된 정보를 찾는 방식

㉡ **주제별 검색 방식** : 인터넷상에 존재하는 웹 문서들을 주제별, 계층별로 정리하여 데이터베이스를 구축한 후 이용하는 방식

㉢ **자연어 검색 방식** : 검색엔진에서 문장 형태의 질의어를 형태소 분석을 거쳐 언제, 어디서, 누가, 무엇을, 왜, 어떻게, 얼마나에 해당하는 5W2H를 읽어내고 분석하여 각 질문에 답이 들어있는 사이트를 연결해 주는 검색엔진

㉣ **통합형 검색 방식** : 사용자가 입력하는 검색어들이 연계된 다른 검

색 엔진에게 보내고, 이를 통하여 얻어진 검색 결과를 사용자에게 보여주는 방식

(3) 정보검색 연산자

① 검색과 관련 있는 2개 이상의 단어를 연산자로 조합하여 키워드로 사용하는 것이 가장 일반적인 검색 방법

② 연산자는 대/소문자의 구분이 없고, 앞뒤로 반드시 공백을 넣어주어야 한다.

기호	연산자	검색 조건
*, &	AND	두 단어가 모두 포함된 문서를 검색
|	OR	두 단어가 모두 포함되거나, 두 단어 중에서 하나만 포함된 문서를 검색
–, !	NOT	'–'기호나 '!'기호 다음에 오는 단어를 포함하지 않는 문서를 검색
~, near	인접검색	앞/뒤의 단어가 가깝게 인접해 있는 문서를 검색

(4) 검색엔진의 종류 및 특징

① **검색엔진(Search Engine)** : 인터넷상에 산재해 있는 정보를 수집한 후 이를 체계적으로 데이터베이스로 구축하여 사용자가 원하는 정보를 쉽게 찾을 수 있도록 안내자 역할로 도움을 주는 웹 사이트 또는 프로그램을 뜻한다.

② **포털사이트(Portal Site)** : 사용자가 인터넷에서 어떤 정보를 찾으려고 할 때 가장 먼저 접속하는 사이트를 뜻한다.

㉠ **네이버(Naver)** : http://www.naver.com/

㉡ **다음(Daum)** : http://www.daum.net/

㉢ **구글(Google)** : http://www.google.co.kr/

(5) 인터넷 정보 검색을 할 때의 주의사항

① 검색 엔진의 특징을 알아두어야 한다.

② 적절한 검색 엔진의 선택이 중요하다.

③ 키워드의 선택이 중요하다.

④ 키워드와 검색 연산자를 조합하여 작성한 검색식을 정보 검색에 이용한다.

⑤ 검색속도가 느린 경우 웹 브라우저에서 그림파일을 보이지 않도록 설정하여 검색속도를 높인다.

⑥ 웹 검색이 정보 검색의 최선은 아니므로 도서관, 뉴스 등 다른 방법도 적극 활용한다.

⑦ 웹 검색 결과로 검색 엔진이 제시하는 결과물의 가중치를 너무 신뢰해서는 안 된다.

기술능력

1. 기술능력

(1) 기술능력이란?

① 일상적으로 요구되는 수단, 도구, 조작 등에 관한 기술적인 요소들을 이해하고, 적절한 기술을 선택하며, 적용하는 능력을 의미한다.

② 직장 생활에서 접하는 기술을 이해하고, 효율적인 기술을 선택하고 적용하기 위해 필수적인 능력이다.

③ 기술능력이 뛰어난 사람

㉠ 실질적 해결을 필요로 하는 문제를 인식한다.

㉡ 인식된 문제를 위한 다양한 해결책을 개발하고 평가한다.

㉢ 실제적 문제를 해결하기 위해 지식이나 기타자원을 선택, 최적화시키며 적용한다.

㉣ 주어진 한계 속에서, 그리고 제한된 자원을 가지고 일한다.

㉤ 기술적 해결에 대한 효용성을 평가한다.

㉥ 여러 상황 속에서 기술의 체계와 도구를 사용하고 배울 수 있다.

④ 기술능력 향상 방법

㉠ 전문 연수원을 통한 기술과정 연수

㉡ e-learning을 활용한 기술교육

㉢ 상급학교 진학을 통한 기술교육

㉣ OJT(조직 안에서 피교육자인 종업원이 직무에 종사하면서 받게 되는 교육 훈련방법)를 활용한 기술교육

(2) 기술이란?

① 기술의 의미

- 물리적인 것뿐만 아니라 사회적인 것으로서 지적인 도구를 특정한 목적에 사용하는 지식체계
- 인간이 주위환경에 대한 통제를 확대시키는 데 필요한 지식의 적용
- 제품이나 용역을 생산하는 원료, 생산공정, 생산방법, 자본재 등에 관한 지식의 집합체

② 노하우(know-how)와 노와이(know-why)

- **노하우(know-how)** : 특허권을 수반하지 않는 과학자, 엔지니어 등이 가지고 있는 체화된 기술
- **노와이(know-why)** : 어떻게 기술이 성립하고 작용하는 가에 관한 원리적 측면
- 기술은 원래 know-how의 개념이 강하였으나 시대가 지남에 따라 know-how와 know-why가 결합하게 되었으며, 현대적인 기술은 주로 과학을 기반으로 하는 기술(science-based technology)이 되

었다.

③ **기술과 과학** : 기술은 과학이론을 실제로 적용하여 자연의 사물을 인간 생활에 유용하도록 가공하는 수단이고 과학은 인간이 원하는 방식으로 활용하도록 해주는 상호연관적인 지식들이기 때문에 기술은 과학의 응용이다.

(3) 기술의 특징

① 하드웨어나 인간에 의해 만들어진 비자연적인 대상

② 기술은 '노하우(know-how)'를 포함한다.

③ 기술은 하드웨어를 생산하는 과정이자 활용을 뜻한다.

④ 기술은 정의 가능한 문제를 해결하기 위해 순서화되고 이해 가능한 노력이다.

2. 기술이해능력

(1) 기술 이해 능력이란?

기본적인 직장생활에서 필요한 기술의 원리 및 절차를 이해하는 능력

(2) 기술 시스템의 발전 단계

1단계	발명, 개발, 혁신의 단계	기술시스템이 탄생하고 성장
2단계	기술 이전의 단계	성공적인 기술이 다른 지역으로 이동
3단계	기술 경쟁의 단계	기술 시스템 사이의 경쟁
4단계	기술 공고화 단계	경쟁에서 승리한 기술시스템의 관성화

(3) 기술 혁신

① **기술 혁신의 특성**

- 기술혁신은 그 과정 자체가 매우 불확실하고 장기간의 시간을 필요로 한다.

- 기술혁신은 지식 집약적인 활동이다.
- 혁신 과정의 불확실성과 모호함은 기업 내에서 많은 논쟁과 갈등을 유발할 수 있다.
- 기술혁신은 조직의 경계를 넘나드는 특성을 갖고 있다.

② 기술 혁신의 과정과 역할

기술 혁신 과정	혁신 활동	필요한 자질과 능력
아이디어 창안	• 아이디어를 창출하고 가능성을 검증 • 일을 수행하는 새로운 방법 고안 • 혁신적인 진보를 위한 탐색	• 각 분야의 전문지식 • 추상화와 개념화 능력 • 새로운 분야의 일을 즐김
챔피언	• 아이디어의 전파 • 혁신을 위한 자원 확보 • 아이디어 실현을 위한 헌신	• 정력적이고 위험을 감수함 • 아이디어의 응용에 관심
프로젝트 관리	• 리더십 발휘 • 프로젝트의 기획 및 조직 • 프로젝트의 효과적인 진행 감독	• 의사결정 능력 • 업무 수행 방법에 대한 지식
정보 수문장	• 조직외부의 정보를 내부 구성원에게 전달 • 조직 내 정보원 기능	• 높은 수준의 기술적 역량 • 원만한 대인 관계 능력
후원	• 혁신에 대한 격려와 안내 • 불필요한 제약에서 프로젝트 보호 • 혁신에 대한 지원 획득을 지원	• 조직의 주요 의사결정에 대한 영향력

③ 기술 혁신의 실패 원인 : 무지 / 부주의 / 차례 미준수 / 오만 / 조사, 검토 부족 / 조건의 변화 / 기획 불량 / 가치관 불량 / 조직운영 불량 / 미지

3. 기술 선택 능력

(1) 기술 선택 능력이란?

기본적인 직장생활에 필요한 기술을 선택하는 능력

(2) 기술 선택

① 기술 선택이란?

기업이 어떤 기술을 외부로부터 도입하거나 자체 개발하여 활용할 것인가를 결정하는 것

② 기술선택을 위한 의사결정

㉠ **상향식 기술선택** : 기업 전체 차원에서 필요한 기술에 대한 체계적인 분석이나 검토 없이 연구자나 엔지니어들이 자율적으로 기술을 선택하는 것

특징 : 실무 기술자들의 흥미 유발과 창의 적인 아이디어 창출 / 흥미위주의 기술을 선택함에 따른 시장 · 고객의 요구와 서비스 개발에 부적합한 기술이 선택될 수 있다.

㉡ **하향식 기술선택** : 기술경영진과 기술기획담당자들에 의한 체계적인 분석을 통해 기업이 획득해야 하는 대상기술과 목표기술수준을 결정하는 것

특징 : 기업의 중장기적인 사업목표를 성정하고, 이를 달성하기 위해 확보해야 할 고객층과 그들에게 제공할 제품과 서비스를 결정하고, 기술에 대한 획득 우선순위를 결정해야 한다.

③ 기술선택을 위한 절차

㉠ **외부 환경 분석** : 수요변화 및 경쟁자 변화, 기술 변화 등 분석

㉡ **중장기 사업목표 설정** : 기업의 장기비전, 중장기 매출목표 및 이익목표 설정

㉢ **내부 역량 분석** : 기술능력, 생산능력, 마케팅/영업능력, 재무능력 등 분석

㉣ **사업 전략 수입** : 사업 영역결정, 경쟁 우위 확보 방안 수립

㉤ **요구기술 분석** : 제품 설계/디자인 기술, 제품 생산공정, 원재료/부품 제조기술 분석

㉥ **기술전략 수립** : 핵심기술의 선택, 기술 획득 방법 결정

④ **기술선택을 위한 우선순위 결정**

㉠ 제품의 성능이나 원가에 미치는 영향력이 큰 기술

㉡ 기술을 활용한 제품의 매출과 이익 창출 잠재력이 큰 기술

㉢ 쉽게 구할 수 없는 기술

㉣ 기업 간에 모방이 어려운 기술

㉤ 기업이 생산하는 제품 및 서비스에 보다 광범위하게 활용할 수 있는 기술

㉥ 최신 기술로 진부화될 가능성이 적은 기술

(3) 벤치마킹

특정 분야에서 뛰어난 업체나 상품, 기술, 경영 방식 등을 배워 합법적으로 응용하는 것

① **벤치마킹의 종류**

㉠ 비교대상에 따른 분류

- **내부 벤치마킹** : 같은 기업 내의 다른 지역, 타부서, 국가 간의 유사한 활용을 비교 대상으로 한다.
- **경쟁적 벤치마킹** : 제품, 서비스 및 프로세스의 단위 분야에 있어 가장 우수한 실무를 보이는 비경쟁적 기업 내의 유사 분야를 대상을 한다.
- **글로벌 벤치마킹** : 프로세스에 있어 최고로 우수한 성과를 보유한 동일업종의 비경쟁적 기업을 대상으로 한다.

㉡ 수행 방식에 따른 분류

- **직접적 벤치마킹** : 벤치마킹 대상을 직접 방문하여 수행하는 방법

• 간접적 벤치마킹 : 인터넷 및 문서형태의 자료를 통해서 수행하는 방법

② 벤치마킹 주요 단계

㉠ 벤치마킹 4단계 발전

1. 계획단계	기업은 반드시 자사의 핵심 성공요인, 핵심 프로세스, 핵심 역량 등을 파악해야 하고, 벤치마킹 할 프로세스는 문서화 되어야 하고 특성이 기술되어야 한다. 그리고 벤치마킹 파트너 선정에 필요한 요구조건도 작성되어야 한다.
2. 자료 수입 단계	벤치마킹 프로세스의 자료수집 단계에서는 내부 데이터 수집, 자료 및 문헌조사, 외부 데이터 수집이 포함된다.
3. 분석단계	벤치마킹 프로세스 모델의 분석단계에서는 데이터 분석, 근본원인 분석, 결과 예측, 동인 판단 등의 업무를 수행하여야 한다. 분석단계의 목적은 벤치마킹 수행을 위해 개선 가능한 프로세스 동인들을 확인하기 위한 것이다.
4. 개선 단계	개선 단계의 궁극적인 목표는 자사의 핵심 프로세스를 개선함으로써 벤치마킹 결과를 현실화 시키자는 것이다. 이 단계에서는 벤치마킹 연구를 통해 얻은 정보를 활용함으로써 향상된 프로세스를 조직에 적응시켜 지속적인 향상을 유도하여야 한다.

㉡ 주요단계

• **범위 결정** : 상세 분야 결정/목표와 범위 결정/벤치마킹을 수행할 인력 결정
• **측정범위 결정** : 상세분야 대한 측정 항목 결정/측정 항목 적정한가를 검토
• **대상 결정** : 비교 분석할 기업 · 기관 결정/벤치마킹할 타당성 검토/최종 대상 및 대상별 수행 방식 결정
• **벤치마킹** : 직 · 간접적 벤치마킹 진행
• **성과차이 분석** : 벤치마킹 결과의 성과차이를 측정 항목별로 분석

- **개선계획 수립** : 성과 차이 원인 분석/개선을 위한 성과목표 결정/성과목표를 위한 개선계획 수립
- **변화 관리** : 개선 목표 달성을 위한 지속적 관리/개선 후 변화와 예상 변화 비교

(4) 매뉴얼

어떤 기계의 조작 방법을 설명해 놓은 지침서(사용서, 설명서, 편람, 안내서, 군대 교범)

① 매뉴얼 종류

- **제품 매뉴얼** : 사용자를 위해 제품의 특징이나 기능 설명, 사용 방법과 고장 조치 방법, 유지 보수 및 A/S, 폐기까지 제품에 관련된 모든 서비스에 대해 소비자가 알아야 할 모든 정보를 제공
- **업무 매뉴얼** : 어떤 일의 진행 방식, 지켜야할 규칙, 관리상의 정차 등을 일관성 있게 여러 사람이 보고 따라할 수 있도록 표준화하여 설명하는 지침서

② 매뉴얼 작성 Tip

- 내용이 정확해야 한다.
- 사용자가 알기 쉽게 쉬운 문장으로 쓰여야 한다.
- 사용자의 심리적 배려가 있어야 한다.
- 사용자가 찾고자 하는 정보를 쉽게 찾을 수 있어야 한다.
- 사용하기 쉬워야 한다.

(5) 지식재산권

인간의 창조적 활동 또는 경험 등을 통해 창출하거나 발견한 지식 · 정보 · 기술이나 표현, 표시 그 밖에 무형적인 것으로 재산적 가치가 실현될 수 있는 지적 창작물에 부여된 권리

① 지식 재산권 특징

- 국가 산업발전 및 경쟁력을 결정짓는 '산업자본'이다.
- 눈에 보이지 않는 무형의 재산이다.
- 지식재산권을 활용한 다국적기업화가 이루어지고 있다.
- 연쇄적인 기술개발을 촉진하는 계기를 마련해 준다.

② 지식재산권의 종류

- **산업재산권** : 산업분야의 창착물과 관련된 산업재산권(특허권, 실용신안권, 상표권, 디자인권)
- **저작권** : 문화예술분야의 창작물
- **신지식 재산권** : 반도체 배치 설계나 온라인디지털콘텐츠와 같이 경제, 사회 · 문화의 변화나 과학기술의 발전에 따른 새로운 분야에서 나타남

한국전력공사 직업기초능력평가

제1회 한국전력공사 직업기초능력평가

문항수	시험시간
50문항	60분

01 다음과 같은 〈상황〉에서 직원 7명(A, B, C, D, E, F, G) 중 성과평가 점수가 3등이 될 수 <u>없는</u> 사람만으로 바르게 묶은 것은?

〈상황〉

㉠ B와 C의 점수는 A의 점수보다 낮다.

㉡ B의 점수는 E의 점수보다 높다.

㉢ F와 G의 점수는 C의 점수보다 낮다.

㉣ D와 F의 점수는 E의 점수보다 낮다.

㉤ F는 가장 낮은 점수를 받지는 않았다.

① B, D
② C, E
③ D, F
④ E, G
⑤ F, G

정답해설 'A가 B보다 성적이 높다'를 'A>B'로 나타낸다고 하고, 위의 〈상황〉을 나타내면 다음과 같다.

㉠ A>B, C

㉡ B>E

㉢ C>F, G

㉣ E>D, F

㉤ F는 가장 낮은 점수를 받지는 않음

여기서 ㉠ · ㉡ · ㉣을 통해 'A>B>E>D, F'라는 것을 알 수 있으며, 이를 ㉥이라 한다. 그리고 ㉠ · ㉢을 통해 'A>C>F, G'라는 것을 알 수 있으며, 이를 ㉦이라 한다. 따라서 ㉥과 ㉦을 통해 볼 때, 'A', 'D', 'F'는 성적이 3등이 될 수 없음을 알 수 없다. 따라서 점수가 3등이 될 수 없는 사람만으로 바르게 묶은 것은 ③이 된다.

02 다음 중 함수식에 관한 설명으로 옳지 않은 것을 고르면?

① SUM : 해당 범위 내 숫자들의 합을 구할 때 사용한다.
② COUNT : 숫자가 포함된 모든 셀의 개수를 구할 때 사용한다.
③ AVERAGE : 실적의 평균을 산출할 때 사용한다.
④ RANK : 실적이 높은 순서대로 정리할 때 사용한다.
⑤ NOW : 자료에 현재 날짜와 시간을 입력할 때 사용한다.

정답해설 COUNT는 특정 범위 내에서만 숫자가 포함된 셀의 개수를 구할 때 사용하는 함수이다.

03 다음 자료는 기획 개발 1팀의 하루 업무 스케줄이다. 신입사원 A씨는 스케줄을 바탕으로 금일 회의 시간을 정하려고 한다. 1시간 동안 진행될 팀 회의의 가장 적절한 시간대는 언제인지 고르면?

〈기획 개발1팀 스케줄〉

시간	직급별 스케줄				
	부장	차장	과장	대리	사원
09:00~10:00	업무회의 1차	업무회의 1차			비품정리
10:00~11:00			외근	외근	기획안 작성
11:00~12:00					
12:00~13:00	점심시간				
13:00~14:00					
14:00~15:00				기획안 검토	
15:00~16:00	업무회의 2차	업무회의 2차			기획안 수정
16:00~17:00					
17:00~18:00		2차 회의 보고	기획안 보고	기획안 보고	

① 10:00~11:00　② 13:00~14:00
③ 14:00~15:00　④ 15:00~16:00
⑤ 16:00~17:00

정답 해설 기획 개발 1팀 팀원의 모든 스케줄이 비어 있는 시간은 13:00~14:00이므로 이때 팀 회의하기에 가장 적절하다.

[04~05] 다음은 각 지점 당 연결망 지도, 각 지점 간의 거리를 나타낸 자료이다. 주어진 자료를 보고 물음에 답하시오.

〈그림〉 도시 간 연결망 지도

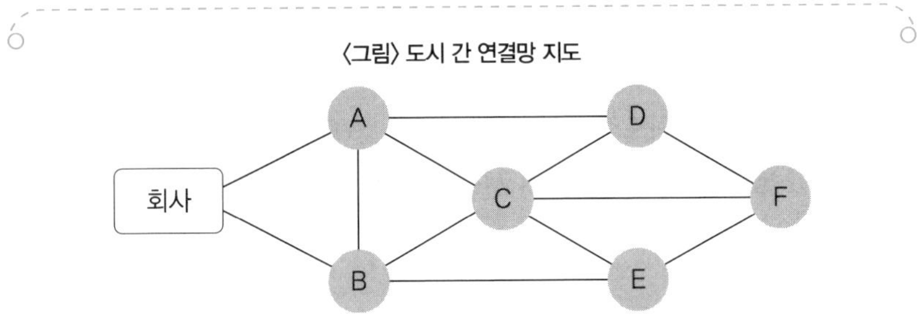

〈표〉 각 지점 간 거리

(단위 : km)

구분	회사	A	B	C	D	E	F
A	8				8		
B	10	5					
C		11	9				12
D				15			
E			12	10			
F					7	8	

04 한국전력공사 박대리는 회사에서 출발하여 A~F를 거쳐 다시 회사로 돌아오려고 한다. 다음 중 박대리가 출장을 다녀올 수 있는 최단거리를 고르면? (단, A~F를 모두 가야하며, 같은 곳은 한 번만 지날 수 있다.)

① 58km ② 60km

③ 62km ④ 64km

⑤ 66km

1DAY 2DAY 3DAY

정답해설 총 8가지 경로가 가능하고, 중복되는 경우가 두 가지씩 있으므로 네 가지 경로에 대해서만 계산해보면

(i) 회사−A−D−F−E−C−B−회사
(회사−B−C−E−F−D−A−회사)
8+8+7+8+10+9+10=60km

(ii) 회사−A−D−F−C−E−B−회사
(회사−B−E−C−F−D−A−회사)
8+8+7+12+10+12+10=67km

(iii) 회사−A−D−C−F−E−B−회사
(회사−B−E−F−C−D−A−회사)
8+8+15+12+8+12+10=73km

(iv) 회사−A−C−D−F−E−B−회사
(회사−B−E−F−D−C−A−회사)
8+11+15+7+8+12+10=71km

따라서 박대리가 출장을 다녀올 수 있는 최단거리는 (i)의 경우이므로 60km이다.

05 **한국전력공사 한과장은 회사에서 출발하여 B를 경유하여 F에 도착하려고 한다. 이때 한과장이 갈 수 있는 최단거리를 고르면? (단, A~F를 모두 가지 않아도 되며, 마지막 출장지에 도착한 뒤 회사로 돌아오지 않는다.)**

① 33km
② 32km
③ 31km
④ 30km
⑤ 29km

회사에서 출발하여 B를 경유하여 F에 도착하는 경로는 2가지가 가능하다.

(i) 회사-B-C-F

10+9+12=31km

(ii) 회사-B-E-F

10+12+8=30km

따라서 한과장이 갈 수 있는 최단거리는 30km이다.

06 다음 〈표〉는 로봇 시장현황과 R&D 예산의 분야별 구성비에 대한 자료이다. 이에 대한 설명으로 옳은 것은?

〈표1〉 용도별 로봇 시장현황(2021년)

용도 \ 구분	시장규모(백만 달러)	수량(천 개)	평균단가(천 달러/개)
제조용	9,719	178	54.6
전문 서비스용	3,340	21	159.0
개인 서비스용	1,941	4,000	0.5
전체	15,000	4,199	3.6

〈표2〉 분야별 로봇 시장규모(2019~2021년)

용도	분야 \ 연도	2019	2020	2021
제조용	제조	8,926	9,453	9,719
전문 서비스용	건설	879	847	883
	물류	116	196	216
	의료	1,356	1,499	1,449
	국방	748	818	792
개인 서비스용	가사	454	697	799
	여가	166	524	911
	교육	436	279	231

※ 로봇의 용도 및 분야는 중복되지 않음.

〈표3〉 로봇 R&D 예산의 분야별 구성비(2021년)

(단위 : %)

분야	제조	건설	물류	의료	국방	가사	여가	교육	합계
구성비	21	13	3	22	12	12	14	3	100

① 제조 분야의 로봇 시장규모는 매년 조금씩 감소하고 있다.
② 2021년 전체 로봇 시장규모 대비 제조용 로봇 시장규모의 비중은 70% 이상이다.
③ 2021년 전문 서비스용 로봇 평균단가는 제조용 로봇 평균단가의 3배 이상이다.
④ 2021년 전체 로봇 R&D 예산 대비 전문 서비스용 로봇 R&D 예산의 비중은 50%이다.
⑤ 개인 서비스용 로봇 시장규모는 각 분야에서 매년 증가하고 있다.

정답 해설 〈표2〉에서 전문 서비스용 로봇 분야는 건설, 물류, 의료, 국방이 있다는 것을 알 수 있다. 따라서 〈표3〉에서 전문 서비스용 로봇 R&D 예산 비중은 '13+3+22+12=50(%)'가 된다는 것을 알 수 있다. 이는 전체 로봇 R&D 예산 비중의 50%가 되므로 정답은 ④이다.

오답 해설 ① 〈표2〉에서 나와 있듯이, 제조 분야의 로봇 시장규모는 2019년에 8,926(백만 달러), 2020년에 9,453(백만 달러), 2021년에 9,719(백만 달러)로 지속성으로 증가하였다.
② 〈표1〉에서 2021년 전체 로봇 시장규모는 15,000(백만 달러)이므로, 전체 시장규모의 70%는 '15,000×0.7=10,500(백만 달러)'가 된다. 그런데 2021년 제조용 로봇 시장규모는 9,719(백만 달러)이므로, 70%에 미치지 못한다.
③ 〈표1〉에서 2021년 전문 서비스용 로봇 평균단가는 159.0(천 달러/개)이며, 제조용 로봇 평균단가의 3배는 '54.6×3=163.8(천 달러/개)'가 된다. 따라서 전문 서비스용 로봇 평균단가는 제조용 로봇 평균단가의 3배에 미치지 못한다.
⑤ 〈표2〉에서 개인 서비스용 로봇 시장규모 중 교육 분야는 매년 감소하고 있다는 것을 알 수 있다.

07 다음 표는 폐기물 매립지 주변의 거주민 1,375명을 대상으로 특정 질환 환자 수를 파악한 것이다. 매립지 주변 거주민 중 환자의 비율을 고르면?

〈표〉 거주민 특성별 특정 질환 환자 수 현황

(단위 : 명)

구분	매립지와의 거리			
	1km 미만	1~2km 미만	2~3km 미만	3~5km 미만
거주민	564	428	282	101
호흡기 질환자 수	94	47	77	15
피부 질환자 수	131	70	102	42

※ 환자 수=호흡기 질환자 수+피부 질환자 수 (단, 두 가지 질환을 동시에 앓지는 않음.)

① 약 21%　② 약 35%
③ 약 42%　④ 약 58%
⑤ 약 64%

정답 해설 두 가지 질환을 동시에 앓지 않으므로 매립지 주변 거주민 중 환자의 비율은

$$\frac{(94+131)+(47+70)+(77+102)+(15+42)}{1375}\times 100 \fallingdotseq 42\%$$

정답 07 ③

08 갑은 회사에서 차로 출발하여 오늘 미팅이 있는 a지점까지 40km/h의 속력으로 갔다. 그런데 미팅 장소가 b지점인 것을 알고 다시 30km/h 속력으로 b지점까지 이동했다. a지점에서 b지점까지의 거리는 회사에서 a지점까지의 거리보다 61.5km가 더 멀다고 한다. 갑이 회사에서 a지점을 거쳐 b지점까지 이동한 시간이 모두 합쳐 4시간 30분이라고 할 때, 갑이 이동한 총거리는?(단, '이동거리=속력×시간'이 성립하며, 회사와 a, b 지점은 모두 일직선상에 있다고 가정한다.)

① 130.5km
② 135.5km
③ 140.5km
④ 145.5km
⑤ 150.5km

정답 해설 회사에서 a지점까지 거리를 'x(km)'라 하면, a지점에서 b지점까지의 거리는 '$x+61.5$(km)'가 된다. 갑이 이동한 시간이 모두 '4시간 30분(4.5시간)'이고, '시간$=\frac{\text{거리}}{\text{속력}}$'이므로 '$4.5=\frac{x}{40}+\frac{x+61.5}{30}$'이 성립한다. 이를 풀면, '$x=42$(km)'이므로, 갑이 이동한 총거리는 '$42+42+61.5=145.5$(km)'이다.

09 동네에는 A, B, C, D, E 약국이 있다. 〈보기〉의 조건에 따를 때 문을 연 약국을 고르면?

보기

ㄱ. A와 B는 모두 문을 열지는 않았다.
ㄴ. A가 문을 열었다면, C도 문을 열었다.
ㄷ. A가 문을 열지 않았다면, B가 문을 열었거나 C가 문을 열었다.
ㄹ. C는 문을 열지 않았다.
ㅁ. D가 문을 열었다면, B가 문을 열지 않았다.
ㅂ. D가 문을 열지 않았다면, E도 문을 열지 않았다.

① A ② B
③ D ④ A, D
⑤ B, C

주어진 〈보기〉 중에 하나의 명제로 된 것을 찾아보면 ㄹ에서 C가 문을 열지 않았다는 것을 확인할 수 있다. C에 대한 정보를 이용하기 위해서는 C를 언급하는 조건인 ㄴ을 확인해보면 이는 'C가 문을 열지 않았다면 A도 문을 열지 않았다.'와 동치이므로 A는 문을 열지 않았다는 것을 알 수 있다.

ㄱ에서는 A와 B 중 하나만 문을 열었거나 둘 모두 문을 닫았다는 의미이므로 A가 문을 열지 않았다는 것을 알아도 B에 대한 확실한 정보를 알 수 없다. ㄷ에서 A와 C가 모두 문을 열지 않았으므로 B가 문을 열었다는 것을 알 수 있다.

다음으로 B에 대한 정보를 이용할 수 있는 조건은 ㅁ으로 'B가 문을 열었다면 D는 문을 열지 않았다.'와 동치이므로 D는 문을 열지 않았다는 것을 알 수 있다. 그리고 이 사실과 ㅂ으로부터 E도 문을 열지 않았다고 추리할 수 있다. 따라서 문을 연 약국은 B 뿐이다.

10 다음 글의 빈칸에 들어갈 내용으로 가장 적절한 것은?

다른 사람의 증언은 얼마나 신뢰할 만할까? 증언의 신뢰성은 두 가지 요인에 의해서 결정된다. 첫 번째 요인은 증언하는 사람이다. 만약 증언하는 사람이 거짓말을 자주 해서 신뢰하기 어려운 사람이라면 그의 말은 신뢰성이 떨어질 수밖에 없다. 두 번째 요인은 증언 내용이다. 만약 증언 내용이 우리의 상식과 상당히 동떨어져 있어 보인다면 증언의 신뢰성은 떨어질 수밖에 없다. 그렇다면 이 두 요인이 서로 대립하는 경우는 어떨까? 가령 매우 신뢰할 만한 사람이 기적이 일어났다고 증언하는 경우에 우리는 그 증언을 얼마나 신뢰해야 하는가?

이 질문에는 [　　　　　　　　　　] 는 원칙을 적용해서 답할 수 있다. 이 원칙을 기적에 대한 증언에 적용시키기 위해서는 먼저 기적에 대해서 생각해 볼 필요가 있다. 기적이란 자연법칙을 위반한 사건이다. 여기서 자연법칙이란 지금까지 우주의 전체 역사에서 일어났던 모든 사건들이 따랐던 규칙이다. 그렇다면 자연법칙을 위반하는 사건, 즉 기적은 아직까지 한 번도 일어나지 않은 사건이다. 한편 우리는 충분히 신뢰할 만한 사람이 자신의 의지와 무관하게 거짓을 말하는 경우를 이따금 관찰할 수 있다. 따라서 그런 사건이 일어날 확률은 매우 신뢰할 만한 사람이 거짓 증언을 할 확률보다 작을 수밖에 없다. 결국 우리는 기적이 일어났다는 증언을 신뢰해서는 안 된다.

① '어떤 사람이 참인 증언을 할 확률이 그 증언 내용이 실제로 일어날 확률보다 작은 경우에만 증언을 신뢰해야 한다.'

② '어떤 사람이 거짓 증언을 할 확률이 그 증언 내용이 실제로 일어날 확률보다 작은 경우에만 증언을 신뢰해야 한다.'

③ '어떤 사람이 거짓 증언을 할 확률이 그 증언 내용이 실제로 일어나지 않을 확률보다 작은 경우에만 증언을 신뢰해야 한다.'

④ '어떤 사람이 제시한 증언 내용이 일어날 확률이 그것이 일어나지 않을 확률보다 더 큰 경우에만 그 증언을 신뢰해야 한다.'

⑤ '어떤 사람이 제시한 증언 내용이 일어날 확률이 그것이 일어나지 않을 확률보다 더 작은 경우에만 그 증언을 신뢰해야 한다.'

정답 해설 빈칸의 바로 앞 문장에서 '가령 매우 신뢰할 만한 사람이 기적이 일어났다고 증언하는 경우에 우리는 그 증언을 얼마나 신뢰해야 하는가?'라는 질문을 던진 후, 빈칸의 원칙을 통해 이에 대해 답하고 있다. 이 원칙에 대한 핵심 내용은 둘째 단락 후반부에서 '따라서 그런 사건('기적')이 일어날 확률은 매우 신뢰할 만한 사람이 거짓 증언을 할 확률보다 작을 수밖에 없다. 결국 우리는 기적이 일어났다는 증언을 신뢰해서는 안 된다'라는 것으로 제시되어 있다. 따라서 빈칸에 들어갈 원칙은 이러한 내용과 부합해야 하므로, ②가 가장 적절하다.

11 **다음 표는 국가공무원의 교육훈련 계획인원과 그 이수 실적에 관한 것이다. 아래의 〈보기〉에 따라 표의 A~D에 들어갈 교육의 종류를 바르게 고르면?**

〈표〉 국가공무원의 교육부문별 훈련계획과 실적

(단위 : 명)

구분	2017년	2018년	
	실적	계획	실적
A	20,245	19,169	18,916
공통전문교육	50,208	28,782	27,175
B	72,851	140,658	144,111
C	715	136	134
D	1,254	1,614	2,098

보기

ㄱ. 외국어교육은 계획보다 실적이 낮았다.

ㄴ. 직무전문교육은 계획을 초과 달성하였다.

ㄷ. 2017년 실적 대비 2018년 실적의 비율이 가장 낮은 교육은 전산교육이다.

ㄹ. 2017년 실적과 2018년 계획 간 인원차가 가장 작은 교육은 기본교육이다.

	A	B	C	D
①	외국어교육	직무전문교육	전산교육	기본교육
②	직무전문교육	전산교육	기본교육	외국어교육
③	외국어교육	기본교육	전산교육	직무전문교육
④	전산교육	직무전문교육	외국어교육	기본교육
⑤	직무전문교육	외국어교육	전산교육	기본교육

ㄱ. 계획보다 실적이 낮은 항목은 A와 C이므로 외국어교육은 A 또는 C이다.

ㄴ. 계획을 초과 달성한 항목은 B와 D이므로 직무전문교육은 B 또는 D이다.

ㄷ. 2017년 실적과 2018년 실적이 가장 큰 비율로 차이가 나는 항목은 C이므로 전산교육은 C가 된다. 따라서 ㄱ에 의해서 A는 외국어교육이다.

ㄹ. D 항목이 2017년 실적과 2018년 계획의 인원차가 360명으로 가장 작으므로, 기본교육은 D가 되고 ㄴ에 의해서 B는 직무전문교육이다.

따라서 A는 외국어교육, B는 직무전문교육, C는 전산교육, D는 기본교육이다.

12 어떤 일을 하는데 사원 A는 60시간, B는 90시간 걸린다고 한다. A와 B가 함께 일을 하면 각자 능력의 20%를 분업 효과로 얻을 수 있다고 한다. A와 B가 함께 일을 한다면 몇 시간이 걸리는지 고르면?

① 10시간
② 20시간
③ 30시간
④ 40시간
⑤ 50시간

정답해설 전체 작업량을 1전체 작업량을 1이라 하면,

A의 1시간 작업량$=\frac{1}{60}$, B의 1시간 작업량$=\frac{1}{90}$

A와 B가 함께한 1시간 작업량

$=\left(\frac{1}{60}+\frac{1}{90}\right)\times 1.2=\frac{1}{36}\times 1.2=\frac{1}{30}$

따라서 전체 일을 하는데 걸리는 시간$=1\div\frac{1}{30}=30$(시간)

1DAY 2DAY 3DAY

정답 12 ③

13 다음 표는 서울의 한 지역의 산업분류별 한 달간 전력사용량을 파악한 것이다. 이에 대한 설명으로 옳은 것을 〈보기〉에서 모두 고르면?

〈표〉 서울시 ○○구 산업분류별 한 달간 전력사용량

(단위 : kWh, 원/kWh)

산업 분류	사용량	전기 요금
농업, 임업 및 어업	74,000	4,896,000
제조업	1,772,000	233,440,000
전기, 가스, 증기 및 수도 사업	11,455,000	1,504,044,000
건설업	996,000	161,216,000
도매 및 소매업	16,476,000	2,186,639,000
운수업	3,930,000	473,101,000

※ 평균판매단가＝전기요금/사용량(소수 둘째자리에서 반올림)

보기

ㄱ. 전기를 가장 많이 사용하는 산업은 전기, 가스, 증기 및 수도 사업이다.
ㄴ. 평균판매단가가 가장 높은 산업은 제조업이다.
ㄷ. 운수업의 전기 요금은 건설업의 전기 요금의 2배 이상이다.
ㄹ. 도매 및 소매업의 평균판매단가는 농업, 임업 및 어업의 평균판매단가의 3배 이하이다.

① ㄷ
② ㄷ, ㄹ
③ ㄱ, ㄴ
④ ㄱ, ㄷ, ㄹ
⑤ ㄴ, ㄷ, ㄹ

정답해설 산업분류별 한 달간 평균판매단가를 구해보면

산업 분류	평균판매단가
농업, 임업 및 어업	66.2
제조업	131.7
전기, 가스, 증기 및 수도 사업	131.3
건설업	161.9
도매 및 소매업	132.7
운수업	120.4

ㄱ. (거짓) 전기를 가장 많이 사용하는 산업은 사용량이 가장 많은 도매 및 소매업(16,476,000kWh)이다.

ㄴ. (거짓) 위의 표를 참고하면 평균판매단가가 가장 높은 산업은 건설업이다.

ㄷ. (참) 건설업의 전기 요금은 161,216,000의 2배는
161,216,000 × 2 = 322,432,000이므로 운수업의 전기 요금 (473,101,000)은 2배 이상이다.

ㄹ. (참) 농업, 임업 및 어업의 평균판매단가 66.2의 3배는
66.2 × 3 = 198.6이므로 도매 및 소매업의 평균판매단가(132.7)은 3배 이하이다.

따라서 옳은 것은 ㄷ, ㄹ이다.

14 다음 제시된 문단을 순서대로 가장 바르게 배열한 것을 고르면?

(가) 냉전이 종식되었던 1980년대 입자가속기의 건설이 취소되었고, 1990년대 중엽 이후에 미국의 과학계는 과학에 대한 시민사회의 신뢰를 다시 회복하기 위해서 필사적으로 애를 쓰기 시작했다.

(나) 옛 소련과의 냉전 상황에서 과학자들은 거대한 입자가속기가 필요한 입자물리학 같은 거대과학을 추진했으며, 군사적 필요와 관련된 컴퓨터공학과 전자공학에는 엄청난 규모의 연구비가 투입되었다.

(다) 미국의 과학계가 인문학적 비판들을 선별적으로 수용해서 과학연구가 이룰 수 있는 혜택과 문제점을 보다 현실적으로 제시했다면, 1990년대 이후 신뢰를 다시 구축하기 위해서 애를 쓰지 않았어도 되었을지도 모른다.

(라) 그렇기 때문에 과학자들은 인문학자들의 과학비판을 반과학적 난센스로 간주할 것이 아니라, 혹시 과학이 너무 과도한 약속을 한 뒤에 이를 지키지 못했기 때문에 이러한 비판이 나오는 것이 아닌지 반성해보아야 한다.

① (가)－(나)－(다)－(라)
② (가)－(나)－(라)－(다)
③ (나)－(가)－(다)－(라)
④ (나)－(라)－(다)－(가)
⑤ (다)－(가)－(나)－(라)

정답 13 ② | 14 ③

(나) 냉전 시대에 군사적 필요와 관련하여 엄청난 규모의 연구비가 투입되었다.

(가) 냉전 종식 후 1980년대와 1990년대 중엽에 미국 과학계가 신뢰를 회복하기 위한 노력을 했다는 내용이다.

(다) '신뢰를~모른다'라는 구절을 통해서 (나)문장과 이어지는 내용임을 알 수 있다.

(라) 미국의 과학자들이 인문학적 비판을 수용하지 않아서 발생한 어려움에 대해 언급한 (다)에 이어서, 인문학자들의 비판에 대한 과학자들의 반성이 필요하다는 주장을 하고 있다.

15 **다음 표는 1,000명의 화물운전자들에게 5개 제조회사에서 생산되는 타이어제품에 대해 소비자 선호도를 조사한 결과를 정리한 것이나, 데이터 작업자의 실수로 일부 자료가 삭제되었다. 소비자 선호조사는 1,000명의 화물운전자들에게 5개 제조사 타이어제품 중 1개 제품을 1차 선택하게 한 후, 2일 동안 사용한 후에 다시 1개 제품을 2차 선택하도록 수행되었다. 이 자료에 대한 설명으로 옳은 것을 〈보기〉에서 모두 고르면?**

〈표〉 5개 제조사 타이어제품에 대한 소비자 선호조사 결과

(단위 : 개)

1차 선택 \ 2차 선택	A사	B사	C사	D사	E사	계
A사		17	15	23	10	185
B사	22	89	11		14	
C사	17	11		13	12	188
D사	15		21	111	21	202
E사		18	13	15		257
계	185	169			257	1,000

보기

ㄱ. 5개 제조사 타이어제품 중 1차에서 가장 많이 선택된 제품을 나열하면 E사－D사－C사－A사－B사 제품의 순이다.

ㄴ. 5개 제조사 타이어제품 중 1차와 2차에 걸쳐 동시에 가장 많이 선택된 제품을 나열하면 E사－C사－A사－B사－D사 제품의 순이다.

ㄷ. 1차에서 B사 제품을 선택하였으나 2차에서 D사 제품을 선택한 화물운전자의 수는 1차에서 D사 제품을 선택하였으나 2차에서 B사 제품을 선택한 화물운전자의 수보다 더 크다.

① ㄱ
② ㄷ
③ ㄱ, ㄴ
④ ㄴ, ㄷ
⑤ ㄱ, ㄴ, ㄷ

정답 해설 우선 표의 각 빈칸을 채워보면

1차 선택 \ 2차 선택	A사	B사	C사	D사	E사	계
A사	120	17	15	23	10	185
B사	22	89	11	32	14	168
C사	17	11	135	13	12	188
D사	15	34	21	111	21	202
E사	11	18	13	15	200	257
계	185	169	195	194	257	1,000

ㄱ. (참) 1차 선택은 오른쪽 마지막 열의 계를 확인해보면 E사 제품이 257개로 가장 많다. 순서대로 정리하면 E－D－C－A－B이다.

ㄴ. (거짓) 1차와 2차에 걸쳐 동시에 같은 제품을 선택한 숫자는 왼쪽 위부터 오른쪽 아래로 향하는 대각선이므로 순서대로 정리하면 E－C－A－D－B이다.

ㄷ. (거짓) 1차에서 B사 제품을 선택하였으나 2차에서 D사 제품을 선택한 숫자는 32, 1차에서 D사 제품을 선택하고 2차에서 B사 제품을 선택한 숫자는 34이므로 옳지 않다.

따라서 옳은 것은 ㄱ이다.

16 다음 표는 특정 연도 각국의 에너지 소비 현황이다. 이 표에 대한 설명으로 적절한 것을 고르면?

〈표〉 각국의 에너지 소비 현황

국가	에너지－GNP 탄성치	에너지원 단위	화석연료 의존 비율(%)	1인당 TC
A	2.66	0.59	80.8	1.8
B	0.84	0.26	76.0	2.4
C	0.86	0.43	64.3	5.8
D	0.46	0.40	71.5	2.8

※ 에너지－GNP 탄성치＝에너지소비증가율/경제성장률
에너지원 단위 : GNP $1,000을 생산하는데 드는 에너지의 양
화석연료 의존 비율 : 전체 에너지 소비에서 화석연료가 차지하는 비율
TC(탄소톤) : 이산화탄소(CO_2) 배출량 측정단위

① D국의 에너지 소비 증가율이 가장 낮다.
② 대기 중 이산화탄소(CO_2) 오염도는 C국이 가장 높다.
③ 비(非)화석연료가 화석연료보다 이산화탄소(CO_2)를 더 많이 배출한다.
④ 동일한 GNP를 생산하는데 있어서 B국은 다른 국가보다 더 적은 에너지가 든다.
⑤ GNP 대비 에너지 소비량이 적을수록 에너지－GNP 탄성치도 커진다.

정답 해설 B국의 에너지원 단위가 가장 낮으므로 B국이 가장 적은 에너지로 동일한 GNP를 생산하고 있다.

오답 해설
① D국의 에너지-GNP 탄성치가 가장 낮지만 이것이 에너지 소비 증가율이 가장 낮다는 것을 의미하지는 않는다. 에너지-GNP 탄성치는 에너지 소비 증가율과 경제성장률의 비율이므로, 에너지 소비 증가율이 높아도 경제성장률이 훨씬 더 크다면 탄성치는 낮게 나타날 수 있다.
② 1인당 이산화탄소 배출량이 가장 많다고 하더라도 이것이 오염도가 가장 높은 것을 의미하지는 않는다. 둘 사이에 어떤 개연성이 있을지는 몰라도 중요한 것은 문제에서 주어진 자료와 정보를 이용해서 이러한 결론을 내릴 수는 없다.
③ 국가별 비(非)화석연료 의존비율의 순위와 1인당 이산화탄소 배출량의 순위가 정확히 일치하고 있다. 그러나 이 관계가 ③의 해석이 옳다는 근거가 될 수 없다. 왜냐하면 문제에서 나타난 관계는 우연에 의한 것일 수 있으며, 게다가 1인당 배출량이 주어져 있으므로 전체 배출량과의 관계는 알 수

가 없기 때문이다.

⑤ 에너지-GNP 탄성치는 변화율 사이의 비율이므로 절대량 사이의 관계에 대해서는 아무것도 알 수 없다.

17 다음 제시된 글을 읽고 주제로 가장 적절한 것을 고르면?

대중예술에 대한 변호를 자청하는 지식인들도 있기는 하다. 그러나 그들의 문제점은 대개 대중예술이 지닌 미적 결점을 너무 쉽게 인정해 버린다는 점이다. 그들은 고급예술을 뒷받침하는 미학적 이데올로기와 대중예술에 대한 고급예술 지지자들의 미적 비판을 무비판적으로 지지한다. 그러면서 대중예술의 타당성에 호소하는 것이 아니라 사회적 필요와 민주적 원리 같은 '정상참작'에 호소한다. 예를 들어 대중문화에 대한 강력한 옹호자인 하버트 갠스도 대중문화의 미적 빈곤함과 열등함은 인정한다. 창조적 혁신, 형식에 대한 실험, 심오한 사회적 · 정치적 · 철학적 질문들의 탐구, 여러 층위에서 이해할 수 있는 깊이 등을 가진 고급예술은 더 크고 더 지속적인 미적 만족을 제공하는 반면, 대중문화는 이러한 미적 특징을 결여하고 있다는 것이다. 그러나 자신들이 즐길 수 있는 유일한 문화적 산물인 대중문화를 선택한다는 이유로 하류계층을 비난할 수는 없다고 갠스는 주장한다. 왜냐하면 그들은 고급문화를 선택하는데 필요한 사회 · 경제적 교육 기회를 갖지 못하기 때문이다. 민주 사회는 그들에게 고급문화를 즐길 수 있는 적정한 교육과 여가를 제공하고 있지 못하므로 그들의 실제적인 취미에 대한 욕구와 기준을 충족시켜 줄 수 있는 문화로서의 대중예술을 허용해야 한다고 갠스는 주장하였다.

이러한 주장은 대중문화가 더 나은 선택을 할 수 없는 사람들에게만 유효한 것이라는 결론을 이끌 뿐이다. 대중예술은 찬양의 대상이 아니라 모든 사람이 더 높은 취향의 문화를 선택할 수 있는 충분한 교육적 자원이 제공될 때까지만 관대히 다루어져야 하는 대상이 되는 셈이다. 대중예술에 대한 이러한 사회적 변호는 진정한 옹호를 침해한다. 대중예술에 대한 옹호는 미적인 변호를 필요로 하는 것이다. 그러나 그러한 옹호가 쉽지 않은 또 하나의 이유가 있다. 우리는 고급예술로는 천재의 유명한 작품만을 생각하는 반면, 대중예술의 예로는 대중예술 중에서도 가장 평범하고 규격화된 것들을 생각한다는 점이다. 하지

정답 16 ④ | 17 ②

만 불행히도 미적으로 평범한, 심지어는 나쁜 고급예술도 많다. 고급예술에 대한 가장 열성적인 옹호자조차도 이 점은 인정할 것이다. 모든 고급예술이 흠 없는 명작들이 아니듯, 모든 대중예술이 미적 기준이 전혀 발휘되지 못한 몰취미하고 획일적인 산물인 것도 아니다. 이 두 예술 모두에서 성공과 실패의 미적 차이는 존재하며 또 필요하다.

① 미적인 변호를 통한 대중예술의 옹호는 쉽지 않다.
② 대중예술의 미적 가치에 대한 옹호가 대중예술에 대한 진정한 옹호이다.
③ 대중예술과 고급예술의 구분 자체가 고급예술 옹호자들의 편견일 수 있다.
④ 대중예술이 열등하다는 인식을 극복하기 위해 그것의 미적 특징을 밝히는데 힘써야 한다.
⑤ 다양한 층위에서 이해할 수 있는 깊이를 지닌 고급예술은 대중예술에 비해 지적 만족이 더 크다.

정답 해설 제시문은 갠스의 주장을 예로 들어 대중예술이 고급예술을 선택할 여건이 되지 않는 사람들에게 유효한 것이라는 사회적 변호는 대중예술에 대한 진정한 옹호를 침해하므로 대중예술에 대한 옹호는 미적인 변호를 필요로 한다고 주장하고 있다.

18 한국전력공사에 입사한 신입 사원 수는 지난해 400명이었다. 올해는 지난해에 비해 남자 사원은 8% 감소하고, 여자 사원은 10% 증가하여 전체 신입 사원 수는 13명이 증가하였다. 올해 입사한 여자 사원 수를 고르면?

① 105명
② 138명
③ 180명
④ 226명
⑤ 275명

정답 해설 지난해 입사한 신입 사원 중 남자의 수를 x명, 여자의 수를 y명이라고 하면

$x+y=400$ … ㉠

올해는 지난해에 비해 남자 사원은 8% 감소하고, 여자 사원은 10% 증가하였으므로

$(1-0.08)x+(1+0.1)y=400+13$ … ㉡

㉠$\times 110-$㉡$\times 100$을 계산하면 $18x=2700$, $x=150$

이 값을 ㉠에 대입하면 $y=250$

따라서 올해 입사한 신입 사원 중 남자 사원의 수는

$150\times(1-0.08)=150\times 0.92=138$명이고,

여자 사원의 수는 $250\times(1+0.1)=250\times 1.1=275$명이다.

19 다음 중 한컴오피스 훈글 프로그램의 단축키에 대한 설명으로 옳지 않은 것을 고르면?

① Ctrl+A : 커서가 위치되어 있는 모든 영역을 선택한다.
② Ctrl+F : 새로운 문서를 만든다.
③ Ctrl+Z : 문서 편집 과정에서 방금 전에 수행한 동작을 다시 원래대로 되돌린다.
④ Alt+P : 현재 편집하고 있는 화면을 인쇄한다.
⑤ Alt+O : 이미 만들어져 있는 파일을 불러 편집 창에 연다.

정답 해설 단축키 Ctrl+F는 문서에서 원하는 문자열을 찾을 때 쓰인다. 새로운 문서를 만들 때는 Alt+N의 단축키를 사용한다.

20 다음 표는 각각 2012년, 2015년, 2018년 5월의 전기요금 청구방식 현황을 나타낸 것이다. 이 자료에 대한 설명으로 옳은 것을 고르면?

〈표〉 2012년, 2015년, 2018년 5월의 전기요금 청구방식 현황

(단위 : 건)

청구방식	2012년 5월	2015년 5월	2018년 5월
우편	834,684	596,298	490,763
이메일	409,601	892,699	885,079
모바일	202,760	426,574	664,162

① 2018년 5월의 전기요금 청구방식들의 합은 2,040,400건이다.

② 모바일 청구방식은 점차 증가폭이 작아지고 있다.

③ 2012년과 2015년의 5월을 비교했을 때, 이메일 청구방식이 가장 크게 증가하였다.

④ 2012년 5월의 전기요금 청구방식들의 합은 1,337,045건이다.

⑤ 2015년과 2018년의 5월을 비교했을 때, 가장 큰 변화가 있었던 것은 우편 청구방식이다.

정답 해설 2012년과 2015년의 5월을 비교했을 때,
우편은 834,684 − 596,298 = 238,386만큼 감소했고,
이메일은 892,699 − 409,601 = 483,098만큼 증가했고,
모바일은 426,574 − 202,760 = 223,814만큼 증가했다.
따라서 이메일 청구방식이 가장 크게 증가하였다.

오답 해설 ① 2018년 5월의 전기요금 청구방식들의 합은 490,763 + 885,079 + 664,162 = 2,040,004건이다.

② 모바일 청구방식은 2012년에서 2015년 5월까지는 426,574 − 202,760 = 223,814건으로 증가했고, 2015년에서 2018년 5월까지는 664,162 − 426,574 = 237,588건이므로 증가하였으므로 점차 증가폭이 커지고 있다.

④ 2012년 5월의 전기요금 청구방식들의 합은 834,684 + 409,601 + 202,760 = 1,447,045건이다.

⑤ 2015년과 2018년의 5월을 비교했을 때, 가장 큰 변화가 있었던 것은 모바일 청구방식이다.

21

한국전력공사 신입사원들은 4박 5일로 연수를 갈 예정이다. 숙소를 방의 크기에 따라 5명씩, 6명씩, 8명씩 배정하면 항상 3명이 남는다고 한다. 이때, 연수에 참가하는 신입사원의 수를 고르면? (단, 숙소는 최대 200명까지 수용할 수 있다.)

① 121명　② 122명

③ 123명　④ 124명

⑤ 125명

정답해설 신입사원의 수를 x라 하면, $x-3$은 5, 6, 8의 공배수이므로 120, 240, 360, …이다.
그런데 학생수가 200명 이하이므로 $x-3=120$, $x=123$(명)

22

한 부서의 직원들은 출퇴근 시 자동차를 이용하는 사람은 전체의 $\frac{3}{8}$, 버스를 이용하는 사람은 $\frac{1}{5}$이었다. 출퇴근 시 자동차나 버스를 모두 이용하지 <u>않는</u> 사람이 17명이라고 할 때, 이 부서의 전체 직원의 수를 고르면?

① 35명　② 40명

③ 45명　④ 50명

⑤ 55명

정답해설 부서의 전체 직원의 수를 x라 하면

자동차를 이용하는 사람은 $\frac{3}{8}x$이고, 버스를 이용하는 사람은 $\frac{1}{5}x$,

둘 다 이용하지 않는 사람은 17명이므로

$\frac{3}{8}x+\frac{1}{5}x+17=x$, $x-\frac{23}{40}x=17$, $\frac{17}{40}x=17$, $x=40$

따라서 부서의 전체 직원은 40명이다.

[23~24] 다음은 한 가구의 소비 지출 내역을 나타낸 것이다. 물음에 답하시오.

구분	주거비	식비	교육비	기타
2017년 9월	35%	30%	10%	25%
2018년 9월	40%	35%	14%	11%

23 이 가구의 2017년 9월 총 소비 지출액이 300만 원이라면, 같은 달 식비 지출액과 교육비 지출액이 각각 얼마인지 고르면?

① 90만 원, 30만 원
② 85만 원, 35만 원
③ 80만 원, 40만 원
④ 75만 원, 45만 원
⑤ 70만 원, 50만 원

정답 해설 2017년 9월 총 지출액이 300만 원이고
식비가 차지하는 비중은 30%이므로 $300 \times 0.3 = 90$만 원이고,
교육비가 차지하는 비중은 10%이므로 $300 \times 0.1 = 30$만 원이다.

24 이 가구의 2018년 9월 총 소비 지출액은 전년 동월에 비해 15% 증가하였다고 할 때, 이 가구의 2018년 9월 주거비는 전년 동월에 비해 얼마나 증가하였는지 고르면? (단, 2017년 9월 총 소비 지출액은 300만 원이라 가정한다.)

① 31만 원
② 32만 원
③ 33만 원
④ 34만 원
⑤ 35만 원

정답해설 총 소비 지출액이 전년 동월 300만 원에서 15% 증가하였으므로
2018년 9월 총 소비 지출액은 300×1.15=345만 원이 된다.
2017년 9월의 주거비 지출액은 300×0.35=105만 원이며,
2018년 9월 주거비 지출액은 345×0.4=138만 원이다.
따라서 2018년 9월의 주거비는 전년 동월에 비해 138−105=33만 원이 증가하였다.

25 한국전력공사는 여름을 맞이해 각 팀에게 회식비를 제공했다. 다음 표1, 표2를 참고했을 때, 회식비를 가장 많이 사용한 순서대로 고르면?

〈표1〉 회식비 사용 장소

(단위 : 명)

구분	사용 장소	인원 수
총무팀	A식당	7
	B식당	10
	C식당	6
경영관리팀	A식당	5
	B식당	8
	C식당	14
마케팅팀	A식당	10
	B식당	3
	C식당	3
배전사업팀	A식당	12
	B식당	10
	C식당	8

〈표2〉 각 식당의 특징

식당	특징
A	• 1인당 12,000원 • 10인 이상 주문 시 10% 할인
B	• 1인당 9,000원 • 5인 이상 주문 시 5% 할인
C	• 1인당 15,000원 • 60,000원 이상 계산 시 8% 할인

※ 모든 식당은 1인당 요금으로 계산함

1DAY 2DAY 3DAY

① 마케팅팀–총무팀–경영관리팀–배전사업팀
② 경영관리팀–총무팀–배전사업팀–마케팅팀
③ 배전사업팀–경영관리팀–총무팀–마케팅팀
④ 총무팀–마케팅팀–배전사업팀–경영관리팀
⑤ 경영관리팀–배전사업팀–총무팀–마케팅팀

팀별 회식비를 계산해보면

- 총무팀
  =(12,000×7)+{(9,000×10)×0.95}+{(15,000×6)×0.92}
  =84,000+85,500+82,800=252,300원
- 경영관리팀
  =(12,000×5)+{(9,000×8)×0.95}+{(15,000×14)×0.92}
  =60,000+68,400+193,200=321,600원
- 마케팅팀
  ={(12,000×10)×0.9}+(9,000×3)+(15,000×3)
  =108,000+27,000+45,000=180,000원
- 배전사업팀
  ={(12,000×12)×0.9}+{(9,000×10)×0.95}+{(15,000×8)×0.92}
  =129,600+85,500+110,400=325,500원

따라서 배전사업팀–경영관리팀–총무팀–마케팅팀 순으로 회식비를 많이 사용하였다.

26 다음 제시된 사무용품 구입 현황 시트에 대한 설명으로 옳지 않은 것을 고르면?

	A	B	C	D
1	사무용품 구입 현황			
2				
3				단위 : BOX
4	월별	구분	수량	가격
5	1월	A4용지	150	3,450,000원
6		서류철	80	64,000원
7		볼펜	120	144,400원
8	2월	A4용지	120	2,760,000원
9		서류철	90	72,000원
10		볼펜	75	90,000원
11				

① [A1:D1] 영역은 '병합하고 가운데 맞춤', 밑줄 '이중 실선'으로 지정한다.

② [A4:D4] 영역은 채우기 색 '회색', '왼쪽으로 맞춤'으로 지정한다.

③ [A5:A7], [A8:A10] 영역은 '병합하고 가운데 맞춤'으로 지정한다.

④ [A4:D10] 영역을 '모든 테두리(⊞)'를 적용하여 표시한다.

⑤ [D5:D10] 영역은 사용자 지정 서식을 이용하여 천 단위 구분 기호와 숫자 뒤에 "원"을 표시한다.

정답해설 [A4:D4]은 월별, 구분, 수량, 가격이 쓰여 있는 영역으로 '가운데 맞춤'으로 지정해야 한다.

1DAY 2DAY 3DAY

정답 26 ②

27 다음 제시된 문단을 순서대로 가장 바르게 배열한 것을 고르면?

(가) 도덕적 해이란, 일반적으로 보험 회사가 가입자의 행태를 완벽하게 감시, 감독할 수 없으므로, 보험 회사가 생각할 때 가입자가 최상이라고 생각하는 만큼의 노력을 기울이지 않는 현상, 즉 보험가입자가 위험 발생 가능성이 높아지는 현상을 말한다.

(나) 즉, 시장에 참여한 거래 당사자(예를 들어, 생산자와 소비자) 간에 쌍방이 동일한 양의 정보를 가지고 있기보다는 한쪽이 더 많은 정보를 가지고 있다는 문제이다. 이로 인해 도덕적 해이와 역선택의 문제가 발생하게 된다. 이를 보험 시장에 적용하여 알아보자.

(다) 정부가 시장에 개입하게 되는 주요 논거는 시장의 결함 또는 시장의 실패이다. 시장 실패는 여러 가지 원인에 의하여 발생하는데 그 중 하나는 정보의 비대칭성이다.

(라) 한편 역선택이란, 시장에서 미래에 발생할 위험에 대비한 보험을 공급하는 측(예를 들어, 보험회사)이 보험에 가입하려는 사람들의 위험 발생 가능성에 대한 정보를 충분히 갖고 있지 못한 상황에서, 위험이 발생할 가능성이 높은 사람들이 집중적으로 이러한 보험을 구입하게 되는 현상을 말한다.

① (가)–(나)–(다)–(라)
② (가)–(라)–(다)–(나)
③ (나)–(가)–(다)–(라)
④ (다)–(나)–(가)–(라)
⑤ (다)–(라)–(가)–(나)

정답 해설 주어진 글은 시장이 실패하게 되는 요인 중에서 정보의 비대칭성에 대한 경우를 살피고 있다. (다)에서 시장의 실패 원인으로 정보의 비대칭성을 꼽고 있으므로 첫 번째 문단에 와야 한다. 이후 (나)에서는 정보의 비대칭성의 뜻을 설명하고, 이로 인해 도덕적 해이와 역선택의 문제가 발생하므로 그 다음은 순서대로 (가)에서 도덕적 해이의 의미와 (라)에서 역선택의 의미가 나오면 된다. 따라서 문단을 순서대로 배열하면 (다)–(나)–(가)–(라)이다.

[28~29] 다음 제시된 정보보안전략팀의 하계휴가 계획표를 보고 물음에 답하시오.

〈정보보안전략팀 휴가 규정〉

- 이미 정해진 업무 일정은 조정이 불가능하다.
- 정보보안전략팀 소속 직원은 모두 7명이다.
- 사무실에는 최소 5명이 근무하고 있어야 한다.
- 휴가는 3일을 반드시 붙여 써야 하고, 주말 및 공휴일은 휴가 일수에서 제외한다.
- 휴가는 8월 중에 모두 다 다녀와야 한다.

〈표1〉 8월 달력

일	월	화	수	목	금	토
			1	2	3	4
5	6	7	8	9	10	11
12	13	14	15 광복절	16	17	18
19	20	21	22	23	24	25
26	27	28	29	30	31	

〈표2〉 개인별 일정

팀원	업무일정	희망 휴가일
송 부장	8월 1일~8월 3일 출장	8월 14일~8월 17일
김 차장	8월 30일~8월 31일 출장	8월 6일~8월 8일
박 과장	8월 13일~8월 14일 출장	8월 1일~8월 3일
신 대리	8월 20일~8월 21일 교육	8월 9일~8월 13일
이 대리	8월 23일~8월 28일 출장	8월 20일~8월 22일
허 대리	8월 3일~8월 6일 교육	8월 27일~8월 29일
심 사원	8월 7일~8월 9일 교육	8월 29일~8월 31일

※ 출장 및 교육은 사무실 외에서 진행된다.

28 **다음 주어진 정보보안전략팀 휴가 규정에 따라 희망 휴가 일정을 조율하고자 할 때, 동의를 구해야 할 팀원을 고르면?**

① 송 부장　　② 박 과장
③ 신 대리　　④ 허 대리
⑤ 심 사원

정답해설 정보보안전략팀 팀원들의 업무 일정과 희망 휴가일을 8월에 표시해보면

일	월	화	수	목	금	토
			1 송 부장 출장 박 과장 휴가	2 송 부장 출장 박 과장 휴가	3 송 부장 출장 박 과장 휴가 허 대리 교육	4
5	6 김 차장 휴가 허 대리 교육	7 김 차장 휴가 심 사원 교육	8 김 차장 휴가 심 사원 교육	9 신 대리 휴가 심 사원 교육	10 신 대리 휴가	11
12	13 박 과장 출장 신 대리 휴가	14 박 과장 출장 송 부장 휴가	15 광복절	16 송 부장 휴가	17 송 부장 휴가	18
19	20 신 대리 교육 이 대리 휴가	21 신 대리 교육 이 대리 휴가	22 이 대리 휴가	23 이 대리 출장	24 이 대리 출장	25
26	27 이 대리 출장 허 대리 휴가	28 이 대리 출장 허 대리 휴가	29 심 사원 휴가 허 대리 휴가	30 심 사원 휴가 김 차장 출장	31 심 사원 휴가 김 차장 출장	

8월 3일에 3명이 자리를 비우므로 사무실에 최소 5명이 근무하고 있어야 한다는 규정을 어기게 된다. 따라서 이미 정해진 업무 일정은 조정이 불가능하므로 박 과장의 휴가 일정을 조정해야 한다.

29 다음 중 위의 문제에서 휴가 일정을 조정하게 된 팀원이 새롭게 희망 휴가일을 제출하였을 때, 적절한 날짜를 고르면? (단, 다른 팀원들의 일정이나 해당 팀원의 업무 일정에는 변화가 없다.)

① 8월 7일~8월 9일　　② 8월 10일~8월 14일

③ 8월 16일~8월 20일　　④ 8월 22일~8월 24일

⑤ 8월 24일~8월 28일

정답해설 박 과장의 휴가 일정을 제외하고 8월 달력을 살펴보았을 때,

8월 1일~8월 2일

8월 10일

8월 16일~8월 17일

8월 22일~8월 24일

위의 날짜에는 사무실에 최소 5명이 근무하고 있어야 한다는 규정을 만족한다.

이때 휴가는 3일을 반드시 붙여 써야 하므로 모두 만족하는 날짜는 '8월 22일~8월 24일'이다.

1DAY 2DAY 3DAY

30 다음 제시문을 읽고 추론할 수 없는 것을 고르면?

목조 건축물에서 골조 구조의 가장 기본적인 양식은 기둥과 보가 결합된 것으로서 두 개의 기둥 사이에 보를 연결한 구조이다. 두 기둥 사이에 보를 연결하여 건물의 한 단면이 형성되고 이를 반복하여 공간을 만든다. 이런 구조는 기둥에 대해 수직으로 작용하는 하중에는 강하지만 수평으로 가해지는 하중에는 취약하다. 이때 기둥과 보 사이에 가새를 넣어 주어야 하며, 이를 통해 견고한 구조를 실현한다. 가새는 보와 기둥 사이에 대각선을 이루며 연결하는 부재이다. 기둥과 보, 그리고 가새가 서로 연결되어 삼각형 형태가 되면 골조는 더 안정된 구조를 이룰 수 있다. 이러한 삼각형 형태 때문에 보에 가해지는 수평 하중은 가새를 통해 기둥으로 전달된다. 대부분의 가새는 하나의 보와 이 보의 양 끝에 수직으로 연결된 두 기둥에 설치되므로 마주보는 짝으로 구성된다. 가새는 보에 가해지는 수직 하중의 일부도 기둥으로 전달하는 역할을 하지만, 가새의 크기와 위치를 설계할 때에는 수평 하중의 영향만을 고려한다.

① 가새는 수직 하중에 약한 구조를 보완한다.
② 가새는 수직 하중의 일부를 기둥으로 보낸다.
③ 가새는 목조 골조 구조의 안정성을 향상시킨다.
④ 가새를 얼마나 크게 할지, 어디에 설치할지를 설계할 경우에 수평 하중의 영향만을 생각한다.
⑤ 가새는 대부분 하나의 보를 받치는 두 개의 기둥 각각에 설치되므로 한쌍으로 이루어진다.

정답해설 두 기둥 사이에 보를 연결하는 골조 구조는 수직 하중에는 강하지만 수평 하중에는 약하며, 이를 보완하기 위해 가새가 사용된다. 즉, 가새는 수평 하중에 약한 구조를 보완한다.

31 220km 떨어져 있는 A와 B가 있다. A는 B를 향해 자전거로 이동하고, B는 A를 향해 자동차로 이동하였다. 2시간 30분 후에 두 사람이 만났다고 할 때, B(자동차)의 속도는 얼마인지 고르면? (단, A와 B는 서로를 향해 일직선으로 이동하며 B의 속도는 A의 속도보다 3배 빠르다고 가정한다.)

① 15km/h ② 18km/h

③ 22km/h ④ 54km/h

⑤ 66km/h

정답해설 2시간 30분(2.5시간)동안 A와 B가 이동한 거리의 합은 220km이다.
이때, A의 속도를 x(km/h)라 하면, B의 속도는 $3x$이다.
따라서 $2.5\times x+2.5\times 3x=220$(km), $10x=220$, $x=22$(km/h)
따라서 B의 속도는 $3x$이므로 $3\times 22=66$km/h이다.

1DAY 2DAY 3DAY

32 한국전력공사의 영업부서에서 해외영업팀을 새로 조직하려고 한다. 9명의 사원을 세 명씩 나눠 세 팀을 만들고자 한다. 각 팀에는 A, B, C라는 팀명이 붙어있다. 그런데 9명의 사원 중 4명(가, 나, 다, 라)은 한국인이고, 나머지 5명(마, 바, 사, 아, 자)은 외국인이다. 각 사원은 반드시 세 팀 중 어느 한 곳에 속해야 한다. 또한 팀 구성에는 〈보기〉의 조건들이 만족되어야 한다. 만약 '다'와 '마'가 B팀에 속한다면 A팀에 속해야 할 사원들을 고르면?

보기

- 각 팀에는 적어도 한 명의 한국인 직원이 포함되어야 한다.
- '가'는 반드시 두 명의 외국인과 같은 팀에 속해야 한다.
- '바'는 반드시 C팀에 속해야 한다.
- '아'는 반드시 A팀에 속해야 한다.
- '가, 라, 사' 중 누구도 바와 같은 팀에 속해서는 안 된다.

① 가, 라, 아
② 가, 사, 아
③ 가, 아, 자
④ 라, 사, 아
⑤ 라, 아, 자

'다'와 '마'가 B팀에 속한다는 가정이 나와 있고, 〈보기〉에서 '아'는 A팀, '바'는 C팀에 속하므로 표로 정리하면

A	아
B	다, 마
C	바

또한 '가', '라', '사'는 '바'와 같은 팀이어서는 안 되므로 '가', '라', '사'는 A 또는 B팀이 되어야 한다. 이때, '가'가 B팀에 속하게 되면 한국인 1명, 외국인 1명과 같은 팀이 되기 때문에 '가'는 두 명의 외국인과 같은 팀에 속하지 못한다. 즉 A팀에 속해야 한다.

A	가, 아
B	다, 마
C	바

앞과 같은 이유로 '사'는 외국인이므로 A팀에 소속되어야 한다.
따라서 A팀에는 '가', '사', '아'가 소속되어 있다.

[33~34] 다음 제시된 컴퓨터 관련 부품을 만드는 회사의 제품 코드 생성표를 보고 물음에 답하시오.

시리얼 넘버 생성 방법 : (제조 연도)－(생산 라인)－(제품 종류 번호)－(생산 번호)

예 2018년 4월 5일 서울 A공장 03에서 12,305번째로 만들어진 검은색 마우스

040518－A03－M110－12305

〈표〉 제품 코드 생성표

제조 연도	생산 라인		제품 종류 번호			
예 2018년 5월 10일에 생산 → 051018	서울 A공장	01	M	마우스	100	흰색
		02			110	검은색
		03	K	키보드	200	흰색
	경기 B공장	01			210	검은색
		02			220	남색

33 다음 주어진 시리얼 넘버에 대해 추론한 것으로 옳지 않은 것을 고르면?

062218－B01－K220－15440

① 이 부품은 키보드이다.

② 이 부품은 2018년 6월 22일에 만들어졌다.

③ '15440'를 통해 이 부품의 총 생산 개수를 알 수 있다.

④ 이 부품은 남색이다.

⑤ 생산라인 B01만으로 어느 공장에서 만들었는지 알 수 있다.

정답해설 주어진 시리얼 넘버를 해석해보면

2018년 6월 22일 경기 B공장 01에서 15,440번째로 만들어진 남색 키보드이다.

따라서 '15440'을 통해 이 부품의 총 생산 개수는 알 수 없다.

34 **다음 중 2018년 11월 30일 서울 A공장 02에서 318번째로 생산된 흰색 마우스의 제품코드로 옳은 것을 고르면?**

① 113018－A02－M100－318
② 113018－A02－K100－3108
③ 113018－B02－M100－3180
④ 113018－B01－M110－0318
⑤ 113018－A01－K100－3180

정답해설 주어진 조건을 시리얼 넘버로 표현하면 다음과 같다.

- 제조 연도 : 113018
- 생산 라인 : A02
- 제품 종류 번호 : M100
- 생산 번호 : 318

이를 종합하면 113018–A02–M100–318이다.

35 아래의 왼쪽 시트에서 성명 데이터를 오른쪽 시트와 같이 성과 이름 두 개의 열로 분리하기 위해 [텍스트 나누기] 기능을 사용하고자 한다. 다음 중 [텍스트 나누기]의 분리 방법으로 가장 적절한 것을 고르면?

	A
1	김철수
2	박선영
3	최영희
4	한국인

→

	A	B
1	김	철수
2	박	선영
3	최	영희
4	한	국인

① 열 구분선을 기준으로 내용 나누기
② 구분 기호를 기준으로 내용 나누기
③ 공백을 기준으로 내용 나누기
④ 탭을 기준으로 내용 나누기
⑤ 열의 높이를 기준으로 내용 나누기

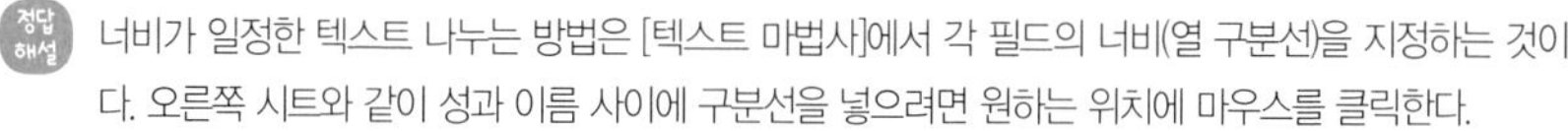

정답해설 너비가 일정한 텍스트 나누는 방법은 [텍스트 마법사]에서 각 필드의 너비(열 구분선)을 지정하는 것이다. 오른쪽 시트와 같이 성과 이름 사이에 구분선을 넣으려면 원하는 위치에 마우스를 클릭한다.

36 **다음 제시된 회사에서 지진 대피 매뉴얼을 보고 옳지 않게 행동한 사람을 고르면?**

〈회사에서 지진 대피 매뉴얼〉

- 화재와 감전의 위험이 있으므로 차단기를 내려 전기를 차단해야 한다.
- 폭발의 위험이 있으므로 전기 스위치는 만지지 않는다.
- 엘리베이터 대신 계단을 이용한다.
- 바퀴가 달린 물건은 고정되어 있지 않아 위험하므로 그런 것이 없는 장소로 피해야 한다.
- 물건이 떨어지거나 넘어지지 않는 장소로 피해 머리를 보호해야 한다.
- 흔들림이 멈췄을 때는 탈출이 가능하게끔 문이나 창문을 열어 두어야 한다.

① A : 문으로 탈출하기 위해 땅이 흔들려도 열어야 해.
② B : 전기 스위치는 폭발 할 수 있으므로 만지면 안 돼.
③ C : 전기가 멈출 수도 있으므로 엘리베이터는 이용하지 말아야 해.
④ D : 지진이 났을 때는 항상 머리를 보호해야 해.
⑤ E : 이동식 서랍이나 의자 같은 물건을 피해 안전한 장소에 있어야 해

정답 해설 흔들림이 멈췄을 때 탈출을 위해 문이나 창문을 열어두어야 한다. 흔들릴 때는 최대한 움직이지 않고 책상 아래로 머리를 보호하고 흔들림이 멈추길 기다려야 한다.

[37~38] 다음 제시된 책을 만드는 회사의 제품 코드 생성표를 보고 물음에 답하시오.

예 2018년 10월 2일에 경기 수원 공장에서 120번째로 생산된 흑백 소설책
0181002－P02Q215－R03980－C0120
(날짜 번호)－(생산 공장 번호)－(제품 종류 번호)－(제품 생산 번호)

〈표〉 제품 코드 생성표

<table>
<tr><th>날짜 번호</th><th colspan="4">생산 공장 번호</th><th colspan="4">제품 종류 번호</th><th>제품
생산 번호</th></tr>
<tr><td rowspan="5">2018년
11월
14일에 생산
→0181114</td><td rowspan="2">P01</td><td rowspan="2">서울</td><td>Q165</td><td>충정로</td><td rowspan="2">R03</td><td rowspan="2">소설책</td><td>980</td><td>흑백</td><td rowspan="5">245번째로
생산
→C0245</td></tr>
<tr><td>Q185</td><td>종로</td><td>998</td><td>컬러</td></tr>
<tr><td rowspan="3">P02</td><td rowspan="3">경기</td><td>Q215</td><td>수원</td><td rowspan="3">R04</td><td rowspan="3">개발서</td><td rowspan="2">980</td><td rowspan="2">흑백</td></tr>
<tr><td>Q235</td><td>망포</td></tr>
<tr><td>Q245</td><td>세류</td><td>998</td><td>컬러</td></tr>
</table>

37 다음 중 제품 코드가 0180313－P01Q185－R04998－C0104인 제품에 대한 정보로 옳은 것을 고르면?

① 2018년 3월 3일에 생산된 제품이다.

② 서울 충정로 공장에서 생산된 제품이다.

③ 생산된 제품은 소설책이다.

④ 내지가 흑백이다.

⑤ 104번째로 생산된 제품이다.

정답 해설 주어진 제품 코드를 살펴보면
0180313 : 2018년 3월 13일에 생산된 제품이다.
P01Q185 : 서울 종로 공장에서 생산된 제품이다.
R04998 : 개발서이며, 내지가 컬러인 제품이다.

C0104 : 104번째로 생산된 제품이다.
따라서 보기에서 옳은 것은 ⑤이다.

38 한국전력공사는 사내 독서 동아리 활동을 위해 도서를 더 구입하기로 했다. 다음 제시된 표에 대한 설명으로 옳은 것을 고르면?

〈구입 예정 도서 목록〉

- 0180514－P02Q245－R04998－C0078
- 0181030－P01Q185－R03980－C0354
- 0170288－P02Q235－R03980－C0147
- 0180111－P02Q245－R04980－C0331
- 0180609－P01Q165－R04998－C0479
- 0180111－P01Q165－R04998－C0313

① 모두 2018년에 생산된 제품이다.
② 소설책 3권, 개발서 3권이 있다.
③ 내지가 흑백인 책은 2권, 컬러인 책은 4권이다.
④ 같은 날에 생산된 제품이 있다.
⑤ 경기도 세류 공장에서 생산된 제품은 1권이다.

정답해설 생성코드의 앞부분인 날짜 번호를 확인해보면 0180111, 즉 2018년 1월 11일에 생성된 책이 2권이 있다.

오답해설 ① 생성코드의 앞부분인 날짜 번호를 확인해보면 017(2017년)로 시작하는 책이 있다.
② 소설책 2권, 개발서 4권이 있다.
③ 내지가 흑백인 책은 3권, 컬러인 책은 3권이다.
⑤ 경기도 세류 공장에서 생산된 제품은 생산 공장 번호가 P02Q245이고 주어진 표에서는 2권이 있다.

39 **한 업체에서 판매하는 두 제품 A와 B의 개당 단가는 각각 3,000원, 3,500원이다. 두 제품을 마트에 납품한다고 할 때, 제품 A의 단가의 15%, 제품 B의 단가의 20%의 이익이 생긴다고 한다. 두 부품을 합하여 모두 100개를 팔았더니 50,000원의 이익이 생겼다고 할 때, 다음 중 제품 A가 팔린 개수를 고르면?**

① 40개 ② 50개

③ 60개 ④ 70개

⑤ 80개

정답 해설 납품된 제품 A와 B의 개수를 각각 x(개), y(개)라 하면
두 제품을 합하여 모두 100개가 납품되었으므로
$x+y=100$ ⋯ ㉠
또한 총 이익이 50,000원이므로
$3{,}000\times0.15x+3{,}500\times0.2y=50{,}000$
$45x+70y=5{,}000$ ⋯ ㉡
㉠, ㉡을 연립하면
$25y=500$, $y=20$이므로 ㉠에 대입하면 $x=80$
따라서 제품 A가 팔린 개수는 80개이다.

40 신입사원 A를 포함한 5명의 팀원 중 3명을 선발하여 발표자로 내보내려고 한다. 선발한 3명의 팀원 중 신입사원 A가 포함되어 있을 확률을 고르면?

① $\frac{1}{5}$　　② $\frac{3}{10}$

③ $\frac{2}{5}$　　④ $\frac{1}{2}$

⑤ $\frac{3}{5}$

정답해설 5명의 팀원 중 3명을 선발하는 경우의 수는

$_5C_3 = {_5C_2} = \frac{5 \times 4}{2} = 10$

이 중 신입사원 A가 포함되어 있는 경우의 수는 나머지 4명 중 2명의 팀원을 선발하는 경우의 수와 같으므로

$_4C_2 = \frac{4 \times 3}{2} = 6$

따라서 구하는 확률은 $\frac{6}{10} = \frac{3}{5}$

41 **다음은 체육대회를 위해 사들인 물품을 스프레드시트 문서로 정리하고 있는 중이다. 다음 중 주어진 5개의 물품의 구매 금액 중 150만 원 이상만 모아서 따로 합계를 내고 싶을 때 사용할 수 있는 올바른 함수식을 고르면?**

	A	B	C	D
1	물품 목록	수량	구매 금액	
2	게임 물품1	270	1,300,000	
3	게임 물품2	200	1,501,000	
4	물과 음료	450	1,530,000	
5	도시락	510	3,080,000	
6	팀조끼	500	800,000	
7				
8	150만 원 이상 구매한 총 구매 금액		( )	
9				
10				

① =SUM(B2:B6, ">1,500,000")

② =SUM(C2:C6, ">=1,500,000")

③ =SUMIF(B2:C6, ">1,500,000")

④ =SUMIF(C2:C6, ">=1,500,000")

⑤ =SUMIF(C2:C6, "=1,500,000")

정답해설 주어진 문제에서 150만 원 이상의 구매 금액의 총합이라는 조건이 있으므로 SUM이 아닌 SUMIF를 이용하면 함수식은
SUMIF(C2:C6, ">=1,500,000")이다.

오답해설 ①, ② SUM 함수를 이용하면 조건 없이 총합이 구해진다.
③ B영역이 포함되어 있고, 150만 원 이상인 조건이 만족하지 않는다.
⑤ 150만 원 이상의 조건이므로 "="가 아닌 ">="이 들어가야 한다.

[42~43] 다음은 전국과 서울에서 자동차에 의해 배출되는 오염물질 배출량을 나타낸 것이다. 다음 주어진 자료를 보고 물음에 답하시오.

〈표〉 차종별 대기오염물질 배출량

(단위 : 천 톤/년, %)

지역	차종	대기오염물질									
		일산화탄소		탄화수소		질소산화물		입자상물질		계	
		배출량	구성비	배출량	구성비	배출량	구성비	배출량	구성비	배출량	구성비
전국	A	356	37	44	35	33	7	1	1	434	27
	B	100	11	12	10	15	3	0	0	127	8
	C	124	13	16	12	109	23	18	23	267	16
	D	371	39	54	43	315	67	59	76	799	49
	계	951	100	126	100	472	100	78	100	1,627	100
서울	A	113	48	14	43	10	11	0	0	137	36
	B	33	14	4	13	5	5	0	0	42	11
	C	27	11	4	13	24	26	4	29	59	16
	D	64	27	10	31	54	58	10	71	138	37
	계	237	100	32	100	93	100	14	100	376	100

※ 차종 : 승용차, 택시, 트럭, 버스

42 주어진 표에 대한 설명으로 옳은 것을 고르면?

① 전국에서 탄화수소 배출량이 가장 많은 차종은 B이다.
② 서울에서 A의 질소산화물 배출량은 B의 2배이다.
③ 전국에서 입자상물질 배출량이 가장 많은 차종은 C이다.
④ 전국과 서울 모두에서 일산화탄소를 가장 적게 배출하는 차종은 D이다.
⑤ 전국에서 차종 중 배출량이 가장 많은 것은 C이다.

서울에서 B의 질소산화물 배출량은 5천 톤/년이고, A의 질소산화물 배출량은 10천 톤/년이므로 A의 질소산화물 배출량은 B의 2배이다.

오답 해설

① 전국에서 탄화수소 배출량이 가장 많은 차종은 D(54천 톤/년)이다.

③ 전국에서 입자상물질 배출량이 가장 많은 차종은 D(59천 톤/년)이다.

④ 전국과 서울 모두에서 일산화탄소를 가장 적게 배출하는 차종은 각각 B(100천 톤/년), C(27천 톤/년)이다.

⑤ 전국에서 차종 중 배출량이 가장 많은 것은 D(1,627천 톤/년)이다.

43 〈보기〉의 설명에 따라 표의 A~D에 해당하는 차종을 바르게 배열한 것을 고르면?

보기

ㄱ. 전국과 서울 모두에서 질소산화물과 입자상물질을 가장 많이 배출하는 두 차종은 버스와 트럭이다.

ㄴ. 서울에서 일산화탄소 배출량이 가장 많은 차종은 승용차이다.

ㄷ. 전국에서 버스의 질소산화물 배출량은 승용차의 약 3.3배이다.

	A	B	C	D
①	택시	승용차	버스	트럭
②	승용차	택시	트럭	버스
③	버스	승용차	트럭	택시
④	승용차	버스	택시	트럭
⑤	승용차	택시	버스	트럭

정답 해설

차종은 승용차, 택시, 트럭, 버스로 4가지이므로 〈보기〉를 통해 바르게 배열해보면

ㄱ. 버스와 트럭은 C또는 D임을 알 수 있다.

ㄴ. 서울에서 일산화탄소가 가장 많은 것은 A이므로 A가 승용차가 된다.

ㄷ. 전국에서 승용차의 질소산화물 배출량은 33이고 이것의 3.3배인 것이 버스이므로 C(배출량 105)가 버스임을 알 수 있다. 또한 ㄱ을 통해 D가 트럭임을 알 수 있다.

따라서 A는 승용차, C는 버스, D는 트럭이므로 남은 B는 택시가 된다.

44 총무팀은 회의를 위하여 9월 둘째 주 회의실을 예약하고자 한다. 다음 표1~표3을 보고 나타낸 반응 중 옳은 것을 고르면?

〈총무팀 회의 관련 자료〉

- 일정 : 9월 둘째 주 2시간(요일, 시간 미정)
- 참석 인원 : 15명
- 필요 품목 : 빔 프로젝터, 마이크

〈표1〉 회의실 안내

구분	2층 회의실	3층 회의실	4층 회의실
수용 인원	8명 미만	8명 이상 15명 이하	25명 미만
특징	• 단상 • 마이크 2개 • 화이트보드	• 빔 프로젝터 • 마이크 1개 • 화이트보드	• 빔 프로젝터 • 마이크 3개 • 화이트보드

〈표2〉 회의실 9월 둘째 주 일정표

시간	회의실	월요일	화요일	수요일	목요일	금요일
09:00~11:00	2층		예약	예약		
	3층	예약	예약	예약		예약
	4층	예약	예약		예약	예약
11:00~12:30	2층	예약				예약
	3층					
	4층			예약		
12:30~13:30	점심시간					
13:30~15:00	2층				예약	예약
	3층				예약	
	4층					
15:00~15:30	회의실 점검시간					
15:30~17:00	2층		예약			
	3층			예약		
	4층	예약		예약	예약	예약

〈표3〉 회의실 주의사항

- 수용 인원을 초과하여 사용하지 않는다.
- 점심시간에는 회의실을 사용하지 않는다.
- 업무시간 외에는 회의실을 사용하지 않는다.
- 회의실 점검시간에는 회의실을 사용하지 않는다.
- 목요일 오전에는 3층 회의실 빔 프로젝터 추가 점검으로 사용이 불가능하다.

① A사원 : 모든 조건을 만족하는 회의실은 2층이고, 월요일 09:00~11:00이야.
② B사원 : 모든 조건을 만족하는 회의실은 3층이고, 금요일 11:00~12:30이야.
③ C사원 : 모든 조건을 만족하는 회의실은 3층이고, 수요일 09:00~11:00이야.
④ D사원 : 모든 조건을 만족하는 회의실은 4층이고, 월요일 12:30~13:30이야.
⑤ E사원 : 모든 조건을 만족하는 회의실은 4층이고, 수요일 09:00~11:00이야.

정답 해설 총무팀의 참석 인원이 15명이고, 빔 프로젝터와 마이크가 필요하므로 3층 또는 4층의 회의실 중 선택하면 된다. 또한 2시간의 회의시간이 필요하므로 일정표를 참고해보면 09:00~11:00에 예약이 가능하다. 이를 모두 만족하는 요일과 회의실은 수요일 4층이나, 목요일 3층이다. 하지만 회의실 주의사항에 목요일 오전에는 3층의 시설 추가 점검으로 인해 사용하지 못하므로 따라서 총무팀은 수요일 09:00~11:00에 4층 회의실을 이용할 수 있다.

오답 해설
① 회의 참석 인원이 15명이므로 2층 회의실의 수용 인원을 초과한다.
② 회의 시간은 2시간이므로 11:00~12:30은 시간이 모자란다.
③ 수요일 09:00~11:00에 3층 회의실은 예약이 차있다.
④ 12:30~13:30은 점심시간이라 사용이 불가능하다.

정답 44 ⑤

45 신입사원 연수 준비 담당자로 지정된 A대리는 5개의 인쇄소 중 비용이 가장 저렴한 인쇄소를 선택하여 자료를 준비하려고 한다. 다음 주어진 자료를 보고 연수를 준비하는 A대리가 선택할 인쇄소와 지급해야할 금액을 바르게 짝지은 것을 고르면?

〈신입사원 연수 자료 준비사항〉

- 참석 인원은 총 120명이다.
- 사원 전체와 진행 요원 15명의 자료를 모두 준비해야 한다.
- 인쇄해야 하는 연수 자료는 표지 제외 120장이다.
- 연수 자료의 앞과 뒤에 컬러 표지 한 장씩 처리해야 한다.
- 연수 자료는 무선제본 처리를 해야 한다.

〈표〉 각 인쇄소의 비용 및 이벤트

구분	가 인쇄소	나 인쇄소	다 인쇄소	라 인쇄소
페이지 당 비용	35원	47원	38원	45원
컬러 표지 한 장 당 비용	500원	450원	550원	400원
무선제본 처리 비용	1,800원	1,200원	1,500원	1,000원
이벤트	5만 원 할인 쿠폰 지급	무선 제본 처리 비용 무료	컬러 표지 비용 무료	전체 가격 10% 할인

① 가 인쇄소, 818,000원
② 나 인쇄소, 810,800원
③ 다 인쇄소, 810,800원
④ 다 인쇄소, 818,000원
⑤ 라 인쇄소, 810,800원

정답 해설 연수 자료 준비사항을 정리하면
인쇄해야 할 총 페이지＝135(명)×120＝16,200(장)
컬러 표지＝135(명)×2＝270(장)
무선제본처리＝135개

가 인쇄소	(567,000＋135,000＋243,000)－50,000＝895,000

나 인쇄소	761,400+121,500=882,900
다 인쇄소	615,600+202,500=818,100
라 인쇄소	(729,000+108,000+135,000)×0.9=874,800

따라서 A대리는 5개의 인쇄소 중 비용이 가장 저렴한 '다 인쇄소(818,000원)'를 선택할 것이다.

46 다음 제시된 글을 읽고 주제로 가장 적절한 것을 고르면?

말은 그 겨레의 삶의 역사 속에서 자라난, 정신적인 깊이를 간직하고 있을 뿐만 아니라 미래를 형성할 수 있는 가능성을 열어준다. 말은 그 자체가 고정적인 하나의 의미를 가진 것이 아니고 사용하는데 따라서 새로운 의미를 갖게 된다. 또한 철학적인 의미를 표현하는 말들도 곧 통속적인 유행말로 굳어져 그 생동성과 깊이를 잃어버리고 의미가 변질될 수도 있다. 그러므로 철학자는 알맞은 말의 발견을 통해서 큰 즐거움을 맛보기도 하지만 말의 경화와 의미 상실을 통해서 큰 고통을 경험하기도 한다. 그런데 철학적인 표현뿐만 아니라 모든 언어생활에 있어서 이러한 경화와 의미 상실을 완전히 회피할 수는 없다는 데에 말의 숙명이 있다. 따라서 우리는 말을 중요하게 다루지 않을 수 없지만, 그것은 이른바 '말장난'으로 타락할 수도 있다는 것을 알아야 한다. 이것을 막기 위해서 우리는 말을 위한 말에 관심을 가질 것이 아니라, 말을 통하지 않고는 드러날 수도 없고 파악될 수도 없는 현실, 그러나 또한 굳은 말의 틀 안에만 머물러 있을 수 없는 현실에 관심을 가지면서 말을 다루어야 한다.

① 오래되고 굳어진 말은 언어로서의 기능을 잃어버리게 된다.
② 말은 그 생동적 힘에 의해 철학적 의미가 거듭해서 밝혀지게 된다.
③ 철학적인 의미를 표현하는 말들은 그 생동성과 깊이를 잃어버리지 않는다.
④ 말은 현실을 묘사할 뿐만 아니라, 우리의 역사적인 삶을 창조하기도 한다.
⑤ 말의 창조적인 힘을 충분히 발휘시킬 수 있는 현실 안에서 말의 생동성을 살리는 것이 필요하다.

정답 45 ④ | 46 ⑤

정답 해설 제시문은 말을 통해서만 드러나고 파악될 수 있는 현실, 틀 안에 머무르지 않는 현실에 관심을 가지고 말을 다루어야 말이 통속적으로 굳어버리거나, 의미가 변질 · 상실되는 것을 막을 수 있다고 주장하고 있다. 즉, 말이 생동감과 깊이를 잃지 않는 방안에 대해 언급하고 있음을 알 수 있다.

47 다음 표는 1,000명으로 구성된 어느 집단의 투표행위에 대한 예측과 실제 투표결과를 나타낸 것이다. 이에 대한 설명으로 옳은 것을 〈보기〉에서 모두 고르면?

〈표〉 투표행위에 대한 예측과 실제 투표 결과

(단위 : 명)

구분		실제 투표 결과		
		기권	투표	계
예측	기권	150	50	200
	투표	100	700	800
	계	250	750	1,000

※ 기권(투표)에 대한 예측적중률은 기권(투표)할 것으로 예측된 사람들 중 실제 기권(투표)한 사람의 비율이다.

보기

ㄱ. 기권에 대한 예측적중률보다 투표에 대한 예측적중률이 더 높다.

ㄴ. 실제 기권자 250명 중 기권할 것으로 예측된 사람은 200명이다.

ㄷ. 예측된 투표율보다 실제 투표율이 더 낮다.

ㄹ. 예측된 대로 행동하지 않은 사람은 150명이다.

① ㄱ, ㄷ

② ㄷ, ㄹ

③ ㄱ, ㄴ, ㄹ

④ ㄱ, ㄷ, ㄹ

⑤ ㄴ, ㄷ, ㄹ

정답 해설

ㄱ. (참) 기권할 것으로 예측된 200명 중에서 실제 기권한 사람은 150명이므로 기권에 대한 예측적중률은 $\frac{150}{200} \times 100 = 75\%$이고, 투표에 대한 예측적중률은 $\frac{700}{800} \times 100 = 87.5\%$이므로 투표에 대한 예측적중률이 더 높다.

ㄴ. (거짓) 실제 기권한 사람 250명 중에서 기권할 것으로 예측된 사람은 150명이다.

ㄷ. (참) 예측된 투표율은 $\frac{800}{1000} \times 100 = 80\%$이고 실제 투표율은 $\frac{750}{1000} \times 100 = 75\%$이다.

ㄹ. (참) 기권할 것으로 예측된 사람 중에서 투표한 사람이 50명이고, 투표할 것으로 예측된 사람 중에서 기권한 사람은 100명이므로, 예측된 대로 행동하지 않은 사람은 모두 $50 + 100 = 150$명이다.

따라서 옳은 것은 ㄱ, ㄷ, ㄹ이다.

48 다음 글을 공문서 작성 관련 규정에 맞게 수정하고자 할 때 옳지 않은 것을 고르면?

공고

자전거 행진 행사 개최

2018년 봄을 맞이하여 아래와 같이 자전거 행진 행사를 개최하고자 하오니, 주민들이 참석할 수 있도록 적극적으로 홍보해 주시기 바랍니다.

– 아래 –

1. 행사목적
   (가) 주민의 건강 증진
   (나) 에너지 절약 Campaign
2. 행사 일시 및 장소
   (가) 일시 : 2018. 4. 21.
   (나) 장소 : 나주시 빛가람동 빛가람 호수공원 앞

3. 행사 주요 내용
   (가) 격려사
   (나) 자전거 타기 선언문 낭독

붙임 행사 세부 계획서 1부.

① 'Campaign'을 '홍보'로 표기한다.
② '(가)', '(나)'를 둘째 항목 기호인 '가.', '나.'로 표기한다.
③ '일시'에 '13:30~15:30'과 같은 표기 방식으로 시간을 추가한다.
④ 한글 맞춤법 및 사무관리 규정에 따라 '2018. 4. 21.'을 '2018. 4. 21'로 고친다.
⑤ 마지막에 '끝'으로 마무리하고 마침표를 찍는 것이 적절하다.

정답해설 연월일 대신 마침표를 찍을 때는 글자를 생략한 모든 곳에 찍어야 한다. 따라서 '2018. 4. 21.'는 그대로 쓰는 것이 옳다.

오답해설 ① 공문서를 작성할 때는 우리말을 사용하는 것을 원칙으로 한다.
② 홑글자인 경우에는 마침표를 찍고 한 타를 띄운다.
③ 상위 항목에 '행사 일시'로 나와 있으니 시간을 표시해야 한다.
⑤ 공문서는 더 이상 전달할 내용이 없을 때는 '끝.'을 써주는 것이 적절하다.

49 다음 제시된 글의 내용과 일치하지 않은 것을 고르면?

윤리학은 규범에 관한 진술을 연구하는 학문이다. 우리가 하나의 규범을 진술하고 있는지 아니면 가치 판단을 진술하고 있는지에 관한 문제는 단지 설명 방식의 차이에 불과하다. 규범은 예를 들어 "살인하지 말라"와 같은 명령 형식을 가지고 있다. 이 명령에 대응하는 가치 판단은 "살인은 죄악이다"와 같은 것이다. "살인하지 말라"와 같은 규범은 문법적으로 명령 형식이며, 따라서 참이거나 거짓으로 드러날 수 있는 사실적 진술로 간주되지 않을 것이다. 그러나 "살인은 죄악이다"와 같은 가치 판단은 규범의 경우와 마찬가지로 단지 어떤 희망을 표현하는 것에 불과하지만 문법적으로는 서술문의 형식을 가지고 있다. 일부 사람들은 이러한 형식에 속아 넘어가서 가치 판단이 실제로는 하나의 주장이며, 따라서 참이거나 거짓이 되어야만 한다고 생각한다. 그러므로 이들은 자신의 가치 판단에 관한 근거를 제시하고 이를 반대하는 사람들의 주장을 논박하려고 노력한다. 그러나 실제로 가치 판단은 오해의 소지가 있을 문법적 형식을 가진 명령이다. 그것은 사람들의 행위에 영향을 미칠 수 있으며 이러한 영향은 우리들의 희망에 부합하거나 부합하지 않을 뿐이지 참이거나 거짓이라고 할 수 없다.

① 가치판단은 그 문법적 형식에서 규범에 관한 진술과 구별된다.
② "도둑질하지 말라"라는 규범을 사실적 진술로 간주해서는 안 된다.
③ "도둑질은 나쁜 일이다"와 같은 진술은 참이거나 거짓이라고 할 수 없다.
④ 윤리학은 사실적 진술을 다루는 경험과학과 그 연구대상의 성격에서 차별화되지 않는다.
⑤ "곤경에 빠진 사람을 도와주는 것은 좋은 일이다"와 같은 진술은 사람들의 태도와 행동에 영향을 미칠 수 있다.

정답 해설 제시문에서 윤리학은 규범에 관한 진술을 다루는 학문이지만, 가치판단의 진술 역시 희망을 표현하며 참이나 거짓을 따질 수 없고 사람들의 행위에 영향을 미칠 수 있다는 점에서 규범과 비슷하다는 내용을 담고 있다. 규범과 가치판단의 이러한 성격은 '사실적 진술'과 뚜렷이 구별된다. 즉 사실적 진술은 이들과 달리 희망이 아니라 사실을 표현하며 따라서 참이나 거짓을 따질 수 있기 때문에 윤리학의 대상이 되기 어렵다.

50 사원 A, B, C, D, E 5명이 발표 순서를 정할 때, A가 맨 처음, C가 맨 마지막에 발표하는 경우의 수를 고르면?

① 6가지　② 12가지
③ 24가지　④ 36가지
⑤ 48가지

정답해설 사원 A와 C의 순서는 정해져있으므로 남은 B, D, E 세 사람의 순서만 정하면 된다.
따라서 3명의 발표 순서를 정하는 경우의 수는 일렬로 세우는 경우의 수와 같으므로
$3!=3\times2\times1=6$

정답 50 ①

한국전력공사 직업기초능력평가

제2회 한국전력공사 직업기초능력평가

문항수	시험시간
50문항	60분

01 다음 〈표〉와 〈정보〉는 2021년 6월 전국 4개 도시에 위치한 한 기업의 공장(A~D)별 실제 가동시간과 가능 가동시간에 관한 자료이다. 이에 근거하여 공장 A와 C가 위치한 도시를 바르게 나열한 것은?

〈표〉 공장별 실제 가동시간 및 가능 가동시간

(단위 : 시간)

구분 \ 공장	A	B	C	D
실제 가동시간	300	150	240	300
가능 가동시간	400	200	300	500

※ 실가동률(%)$=\frac{\text{실제 가동시간}}{\text{가능 가동시간}}\times 100$

〈정보〉

㉠ 부산과 광주 공장의 실제 가동시간 합은 서울과 인천 공장의 실제 가동시간 합보다 작다.

㉡ 서울과 부산 공장의 실가동률은 같다.

㉢ 인천 공장의 가능 가동시간이 가장 길다.

	A가 위치한 도시	C가 위치한 도시
①	서울	광주
②	부산	인천
③	서울	부산
④	부산	광주
⑤	서울	인천

ⓒ의 정보를 통해 D는 인천 공장임을 알 수 있다. 제시된 실가동률 공식을 통해 공장별 실가동률을 구하면 다음과 같다.

구분 \ 공장	A	B	C	D
실제 가동시간	300	150	240	300
가능 가동시간	400	200	300	500
실가동률(%)	75	75	80	60

ⓛ에서 서울과 부산 공장의 실가동률은 같다고 했으므로 A와 B는 서울 또는 부산 공장이 된다. 따라서 남은 C는 광주 공장이 된다.

㉠에서 부산과 광주 공장(C)의 실제 가동시간의 합은 서울과 인천 공장(D)의 실제 가동시간 합보다 작다고 했으므로, B는 부산 공장이 되고 A는 서울 공장이 된다는 것을 알 수 있다.

따라서 공장 A가 위치한 도시는 서울, C가 위치한 도시는 광주가 된다.

02 아래의 두 가지 조건을 모두 충족하는 상황은 다음 중 어느 것인지 고르면?

〈조건1〉 첫 번째 목표의 달성률이 높아질수록 두 번째 목표의 달성률은 낮아진다.
〈조건2〉 두 번째 목표의 달성이 첫 번째 목표의 달성에 저해가 되지 않는다.

※ 다만, 첫 번째 목표를 달성하기 위해 사용된 수단만이 두 번째 목표를 달성하는 데 사용된다.

① 정부는 담배 소비를 억제하기 위해 담배 가격을 대폭 인상하였다. 한편 정부는 추가 이익금을 인체에 무해한 담배를 개발하기 위한 연구기금으로 사용하기로 했다.

② 어느 우체국에서 고객의 급행우편배달 수요를 억제하기 위해 급행우편에 대해 매우 비싼 할증금을 부과하였다. 한편 그 우체국은 할증금을 급행우편배달 서비스 수준의 향상을 위해 사용하기로 했다.

③ 정부는 고가의 외제 승용차의 구매를 억제하기 위해 수입 외제차에 대한 관세를 높이기로 하였다. 한편 정부는 이를 통해 거두어들인 세금을 결식아동의 복지수준을 향상시키기 위해 사용하기로 하였다.

④ 어느 피자 배달점에서 매상을 늘리기 위해 열 번 주문한 고객에게는 한 번의 공짜 주문이 가능하도록 하였다. 한편 이 피자 배달점에서는 이러한 방법을 통해 늘어난 이익금을 불우 이웃을 돕기 위해 성금으로 기탁하기로 하였다.

⑤ 어느 도시에서 자가용 승용차의 도심 진입을 억제하기 위해 현재 유일한 도심 진입로인 A터널에 한해서만 혼잡통행료 징수제도를 시행하기로 하였다. 한편 이 도시의 시장은 징수된 혼잡통행료를 새로운 도심 진입로인 B터널의 조속한 건설을 위해 사용하기로 결정하였다.

정답 해설 보기에서 두 가지 목표와 그들 간의 관계를 살펴보면

③ **첫 번째 목표** : 고가 외제 승용차 구매 억제

두 번째 목표 : 결식아동 복지수준 향상

첫 번째 목표의 달성률이 높아질수록 궁극적으로 관세 수입이 줄어들 것이므로 그에 따라 두 번째 목표 달성에 부정적 영향을 미칠 것이다. 이 경우 〈조건1〉이 만족한다. 또한 두 번째 목표가 이루어졌을 때 이로 인해 첫 번째 목표인 고가 외제 승용차 구매 억제에 부정적 영향을 끼치지 않기 때문

에 〈조건2〉도 충족시킨다.

오답 해설 ① **첫 번째 목표** : 담배 소비 억제

두 번째 목표 : 인체에 무해한 담배 개발

첫 번째 목표가 달성되면 담배 판매량에 따라 총 수익금이 줄어들고 이는 연구기금 감소로 이어져 두 번째 목표 달성에 부정적 영향을 준다. 이는 〈조건1〉을 만족한다. 그러나 두 번째 목표가 달성되면 담배 소비가 늘어 첫 번째 목표에 부정적 영향을 미치므로 〈조건2〉는 충족되지 않는다.

② **첫 번째 목표** : 급행우편배달 수요 억제

두 번째 목표 : 급행우편 배달 서비스 수준 향상

첫 번째 목표의 달성률이 높아질수록 총수익은 줄어들어 두 번째 목표 달성에 부정적 영향을 준다. 이는 〈조건1〉을 만족한다. 그러나 두 번째 목표가 달성되면 다시 급행우편배달 서비스의 수요가 늘어날 것이다. 따라서 첫 번째 목표 달성이 더 힘들어지기 때문에 〈조건2〉는 충족되지 않는다.

④ **첫 번째 목표** : 매상 증대

두 번째 목표 : 이웃돕기 성금 기탁

열 번 주문에 한 번의 공짜 주문 기회 제공이라는 수단으로 첫 번째 목표가 달성되면 이익금도 커져 두 번째 목표 달성에도 도움이 된다. 따라서 〈조건1〉이 충족되지 않는다. 반면 이웃돕기 성금 증대가 피자의 매상에 부정적 영향을 끼치지 않으므로 〈조건2〉는 만족한다.

⑤ **첫 번째 목표** : 자가용 승용차 도심 진입 억제

두 번째 목표 : 새 도심 진입로 B터널의 조속한 건설

A터널 혼잡통행료 징수로 인해 첫 번째 목표가 달성될수록 A터널에서 거둘 혼잡통행료는 줄어들어 이 돈을 사용하여 둘째 목표를 달성하는 것이 어려워져 〈조건1〉이 충족된다. 하지만 두 번째 목표가 달성되면 자가용 승용차의 도심 진입은 확대되어 첫 번째 목표 달성이 어려워지므로 〈조건2〉는 충족되지 않는다.

정답 02 ③

03 다음 시트에서 정상판매수량과 할인판매수량의 합계를 구하기 위해 [B6] 셀에 들어갈 수식으로 알맞은 것은?

	A	B	C
1	일자	정상판매수량	할인판매수량
2	07월 21일	20	6
3	07월 22일	15	
4	07월 23일	35	
5	07월 24일	30	9
6	합계	115	

① =COUNTIF(B2:B5,">=9")

② =COUNTIF(B2,C2,C5)

③ =SUM(B2,C2,C5)

④ =SUM(B2:B5,C2,C5)

⑤ =LEN(B2:B5,3)

정답해설 범위에 있는 셀의 값을 모두 더하는 함수인 SUM의 경우 'SUM(합계를 구할 처음 셀 : 합계를 구할 마지막 셀)'로 표시해야 한다. 정상판매수량과 할인판매수량의 합은 연속하는 영역을 입력하고 ','로 구분한 뒤, 다음 영역을 다시 지정해주면 된다. 따라서 '=SUM(B2:B5,C2,C5)'가 적절하다.

04 다음 전화 상황에서 박 사원의 태도로 옳지 않은 것은?

박 사원 : 네, 영업팀 박영희 사원입니다.

김 부장 : 박영희 씨, 혹시 유 차장 자리에 기획안 결재 서류 있는지 찾아보고 있으면 서류 들고 내 자리로 오라고 전해주세요.

박 사원 : 부장님, 유 차장님 잠시 자리 비우셨습니다. 돌아오시면 말씀 전해드리겠습니다.

김 부장 : 방금까지 사내 메신저로 대화했는데, 유 차장 회의 들어갔나요?

박 사원 : 네, 유 차장님과 조 차장님, 손 대리님 모두 회의 들어갔습니다.

김 부장 : 네, 알겠습니다. 돌아오는 대로 전달해주세요.

박 사원 : 네, 알겠습니다.

① 통성명을 하지 않았다.

② 전화를 대신 받은 이유를 말하지 않았다.

③ 잘못된 존댓말을 사용하였다.

④ 굳이 필요 없는 부연설명을 하였다.

⑤ 상대방의 의사를 묻지 않았다.

직급이 더 높은 직원 앞에서 상대적으로 직급이 낮은 직원에게 극존칭을 하거나 높여 말하는 건 예의에 어긋나는 행동이다. 주어진 전화 상황에서 '차장님'이 아닌 '차장', '대리님'이 아닌 '대리'라고 불러야 한다. 따라서 '유 차장님과 조 차장님, 손 대리님 모두 회의 들어갔습니다.'가 아닌 '유 차장, 조 차장, 손 대리 모두 회의 들어갔습니다.'라고 해야 옳은 표현이다.

정답 03 ④ | 04 ③

[05~06] 다음 표를 보고 물음에 답하시오.

〈표〉 전기요금 복지할인제도 개요 및 현황

구분	자격요건	할인율
장애인	장애인복지법에서 정한 1~3급 장애인	월 1만 6천 원 한도 (여름철 2만 원)
국가유공자	국가유공자 등 예우 및 지원에 관한 법률에서 정한 1~3급 상이자	
상이유공자	5.18민주유공자 예우에 관한 법률에서 정한 1~3급 상이자	
기초생활수급자	생계 · 의료급여 수급자	월 1만 6천 원 한도 (여름철 2만 원)
	주거 · 교육급여 수급자	월 1만 원 한도 (여름철 1만 2천 원)
	주거용 심야전력 사용 기초생활 수급자	심야(갑) 31.4% 심야(을) 20%
독립유공자	독립유공자 예우에 관한 법률에 의한 독립유공자 또는 유족 중 선순위자	월 1만 6천 원 한도 (여름철 2만 원)
사회복지시설	사회복지사업법에 의한 사회복지시설	30%
차상위계층	국민기초생활법에 의한 차상위계층	월 8천 원 한도 (여름철 1만 원)
3자녀이상가구	자(子) 3인 이상 또는 손(孫) 3인 이상 가구	30% (월 16,000원 한도)
대가족	가구원수가 5인 이상인 가구	
출산가구	출생일로부터 1년 미만인 영아가 포함된 가구(2016년 12월 1일 이후 출생 영아부터 적용)	
생명유지장치	산소발생기, 인공호흡기 등 생명유지장치 사용하는 가구	30%

※ 다음 법령에 해당하는 복지시설은 제외
- 노인복지법 제32조의 제1항 제3호의 노인복지주택
- 노인복지법 시행규칙 제14조 제1항 제1호 라목의 유료양로시설
- 노인복지법 시행규칙 제18조 제1항 제1호 라목의 유료노인요양시설
- 입소자에게 분양 또는 임대한 시설이거나, 입소자로부터 입소비용 전부를 수납하여 운영하는 시설

05 다음 〈보기〉에서 전기요금 복지할인제도 대상자를 모두 고르면?

보기

ㄱ. 5.18 민주화운동 때 사망하신 할아버지를 둔 A씨

ㄴ. 사고로 인해 청각장애 2급 판정을 받은 B씨

ㄷ. 2016년 6월 14일에 딸을 출산한 C씨

ㄹ. 기초생활수급자로 주거비를 도움 받고 있는 D씨

ㅁ. 입소자로부터 입소비용 전부를 수납하여 운영하는 사회복지시설에 입소한 E씨

① ㄱ, ㄴ
② ㄱ, ㄴ, ㄹ
③ ㄴ, ㄷ, ㄹ
④ ㄴ, ㄹ, ㅁ
⑤ ㄷ, ㄹ, ㅁ

1DAY 2DAY 3DAY

ㄱ. 5.18 민주화운동 때 사망하신 할아버지는 상이유공자이시므로 5.18민주유공자예우에 관한 법률에 따라 유족인 A씨는 전기요금 복지할인 대상자이다.

ㄴ. 사고로 인해 청각장애 2급 판정을 받은 B씨는 장애인복지법에서 정한 1~3급 장애인에 해당되므로 전기요금 복지할인 대상자이다.

ㄷ. 이 할인은 2016년 12월 1일 이후 출생 영아부터 적용되므로 2016년 6월 14일에 딸을 출산한 C씨는 전기요금 복지할인 대상자가 아니다.

ㄹ. 기초생활수급자로 주거비를 도움 받고 있는 D씨는 전기요금 복지할인 대상자이다.

ㅁ. E씨가 입소한 사회복지시설은 제외되는 시설에 해당하므로 전기요금 복지할인 대상자가 아니다.

따라서 전기요금 복지할인 대상자는 ㄱ, ㄴ, ㄹ이다.

정답 05 ②

06 **4인 가구인 한 과장은 지난달 전기요금이 55,000원이었고, 이번 달부터 어머니와 같이 살게 되면서 요금이 지난달보다 20% 증가되었다고 한다. 위의 표를 참고하여 이번 달에 부과해야 하는 전기요금을 고르면?**

① 46,200원
② 48,800원
③ 50,000원
④ 58,200원
⑤ 66,000원

한 과장은 이번 달부터 5인 가족이 되므로 전기요금 복지할인제도 대상자에 해당한다.
이번 달 전기요금을 구해보면
55,000(지난달 전기요금)×1.2=66,000
이때, 복지할인제도를 이용하면 66,000×0.3=19,800(원) 할인이 된다.
하지만 월 16,000원으로 한도가 정해져있으므로 한 과장의 이번 달 전기요금은
66,000−16,000=50,000(원)

07 자동차 타이어 가게에서 원가가 60,000원인 타이어를 개당 4할의 이익을 덧붙인 가격을 정가로 하여 판매하였다. 최근의 자동차 판매 부진에 따라 타이어 매상이 줄자 정가의 3할을 할인해 팔았다. 이 할인 가격으로 타이어를 10개 판매하였다고 할 때, 가게의 이익 또는 손실액은?

① 6,000원 이익
② 6,000원 손실
③ 12,000원 이익
④ 12,000원 손실
⑤ 60,000원 이익

정답 해설 원가가 60,000원인 타이어에 4할의 이익을 덧붙여 정가로 판매했다고 했으므로, 정가는 '60,000×(1+0.4)=84,000원'이 된다. 판매 부진으로 정가의 3할을 할인한 경우 할인가격은 '84,000×(1−0.3)=58,800원'이 된다. 따라서 이 할인가격으로 타이어를 파는 경우 '58,800−60,000=−1,200원'이므로, 개당 '1,200원'의 손실을 보게 된다. 따라서 할인가격으로 10개를 판매한 경우 이 가게는 '12,000원'의 손실을 보게 된다.

정답 06 ③ | 07 ④

08 다음은 성주임이 사내 봉사활동 진행을 위한 기안서를 올린 것이다. 다음 중 잘못 작성된 부분을 고르면?

2018년 3차 봉사활동

팀장	본부장	대표

기안 부서 : 경영지원팀

수신 : 경영관리부

㉠ 참조 : 총무부, 회계팀

제목 : 사내 봉사활동 진행 건

㉡ 아래와 같이 기안서를 제출하오니 검토 후 결재해 주시기 바랍니다.

– 아래 –

1. 목적 : 보육원의 아이들을 보살피며 직원들의 화합 도모
2. ㉢ 일시 및 장소 : 2018.09.21. 회사 후문 주차장
3. ㉣ 대상 및 인원 : 전 직원(최소 25명 이상)
4. 예상 경비 : 첨부 서류 참조

첨부서류

- 회사 후문 주차장 위치 및 약도
- ㉤ 예상 경비 내역

① ㉠　② ㉡　③ ㉢　④ ㉣　⑤ ㉤

정답해설 기안서는 의사를 결정하기 위하여 문서를 작성하여 결재를 올리는 것을 의미하므로 기안의 목적과 세부 내용을 개략적으로 서술해야 한다. 봉사활동 기안서일 경우 봉사활동의 목적과 내용, 일시 등을 적어 줘야 하는데 주어진 기안서에는 정확한 시간에 대한 내용이 나타나 있지 않기 때문에 ㉢이 옳지 않다.

09 다음 제시된 글의 중심 내용으로 가장 적절한 것을 고르면?

화이트(H. White)는 19세기의 역사 관련 저작들에게서 역사가 어떤 방식으로 서술되어 있는지를 연구했다. 그는 특히 '이야기식 서술'에 주목했는데, 이것은 역사적 사건의 경과 과정이 의미를 지닐 수 있도록 서술하는 양식이다. 그는 역사적 서술의 타당성이 문학적 장르 내지는 예술적인 문체에 의해 결정된다고 보았다. 이러한 주장에 따르면 역사적 서술의 타당성은 결코 논증에 의해 결정되지 않는다. 왜냐하면 논증은 지나간 사태에 대한 모사로서의 역사적 진술의 '옳고 그름'을 사태 자체에 놓여 있는 기준에 의거해서 따지기 때문이다.

이야기식 서술을 통해 사건들은 서로 관련되면서 무정형적 역사의 흐름으로부터 벗어난다. 이를 통해 역사의 흐름은 발단 · 중간 · 결말로 인위적으로 구분되어 인식 가능한 전개 과정의 형태로 제시된다. 문학 이론적으로 이야기하자면, 사건 경과에 부여되는 질서는 '구성'이며 이야기식 서술을 만드는 방식은 '구성화'이다. 이러한 방식을 통해 사건은 원래 가지고 있지 않던 발단 · 중간 · 결말이라는 성격을 부여받는다. 또 사건들은 일종의 전형에 따라 정돈되는데, 이러한 전형은 역사가의 문화적인 환경에 의해 미리 규정되어 있거나 경우에 따라서는 로맨스 · 희극 · 비극 · 풍자극과 같은 문학적 양식에 기초하고 있다.

따라서 이야기식 서술은 역사적 사건의 경과 과정에 특정한 문학적 형식을 부여할 뿐만 아니라 의미도 함께 부여한다. 우리는 이야기식 서술을 통해서야 비로소 이러한 역사적 사건의 경과 과정을 인식할 수 있게 된다는 말이다. 사건들 사이에서 만들어지는 관계는 사건들 자체에 내재하는 것이 아니다. 그것은 사건에 대해 사고하는 역사가의 머릿속에만 존재한다.

① 역사의 의미는 절대적인 것이 아니라 현재 시점에서 새롭게 규정되는 것이다.

② 역사가가 속한 문화적인 환경은 역사와 문학의 기술 내용과 방식을 규정한다.

③ 역사적 사건에서 객관적으로 드러나는 발단에서 결말까지의 일정한 과정을 서술하는 일이 역사가의 임무이다.

④ 이야기식 역사 서술이란 사건들 사이에 내재하는 인과적 연관을 찾아내는 작업이다.

⑤ 이야기식 역사 서술은 문화적 서술 방식을 원용하여 역사적 사건의 경과 과정에 의미를 부여한다.

정답 08 ③ | 09 ⑤

정답 해설 제시문의 내용을 다음과 같이 정리할 수 있다.

첫째, 화이트가 역사 서술의 방식으로 주목한 이야기식 서술은 예술적인 문체에 의해 결정된다. 둘째, 이야기식 서술의 질서는 구성으로 이루어지는데, 이는 역사가의 문화적 환경이나 문학적 양식에 의해 규정된다. 셋째, 이야기식 서술은 역사적 사건의 경과 과정에 특정한 문학적 형식을 부여하고 의미도 부여함으로써 역사적 사건의 경과 과정을 인식할 수 있다. 이를 바탕으로 보기를 살펴보면 ⑤ 논의의 중심 대상인 '이야기식 역사 서술'에 대해서 제시문 전체 내용을 함축적으로 제시하고 있는 진술이다.

오답 해설

① 제시문에서 논의의 중심 대상이 되는 것은 '역사의 의미'가 아니라 '이야기식 역사 서술의 특성'이다.

② '역사가가 속한 문화적 환경과 역사와 문학의 기술 내용의 관계'는 둘째 문단에서 언급되고 있지만, 제시문의 중심 내용으로 볼 수 없다.

③ '역사가의 임무'는 제시문의 논지와 부합하지 않는다.

④ 이야기식 역사 서술에서 '사건들 사이의 인과관계는 사건들 자체에 내재하는 것이 아니라 사건에 대해 사고하는 역사가의 머릿속에만 존재한다.'는 셋째 문단의 내용과 어긋난다.

[10~11] 주어진 자료를 보고 질문에 답하시오.

〈표1〉 성별 노인 인구 추이

(단위 : 천명)

구분	2003년	2008년	2013년	2018년	2023년	2028년	2033년
전체	2,195	2,657	3,395	4,383	5,354	7,821	11,899
남자	822	987	1,300	1,760	2,213	3,403	5,333
여자	1,373	1,670	2,095	2,623	3,141	4,418	6,566

※ 노인 인구 : 65세 이상 인구
성비 : 여자 100명당 남자의 수

〈표2〉 노년부양비와 고령화 지수

(단위 : %)

구분	2003년	2008년	2013년	2018년	2023년	2028년	2033년
노년부양비	7.4	8.3	10.1	12.6	14.9	21.8	37.3
고령화지수	20.0	25.2	34.3	47.4	66.8	124.2	214.8

※ 노년부양비 $= \frac{65\text{세 이상 인구}}{15\sim64\text{세 인구}} \times 100$

고령화지수 $= \frac{65\text{세 이상 인구}}{0\sim14\text{세 인구}} \times 100$

10 다음 표1에 대한 설명으로 〈보기〉 중 옳은 것을 고르면?

보기

ㄱ. 전체 노인 인구는 점차 증가하고 있다.
ㄴ. 2013년 남성 노인 인구의 비율은 10년 전보다 높아졌다.
ㄷ. 2018년 노인 인구의 성비는 10년 전보다 낮아졌다.
ㄹ. 2023년부터 2033년까지 노인 인구의 성비는 점차 줄어들 것이다.

① ㄱ
② ㄱ, ㄴ
③ ㄴ, ㄷ
④ ㄴ, ㄷ, ㄹ
⑤ ㄱ, ㄴ, ㄹ

정답 10 ②

정답 해설 ㄱ. (참) 전체 노인인구는 2003년부터 2033년까지 점차 증가하고 있다.

ㄴ. (참) 2013년 남성 노인 인구의 비율은 $\frac{1,300}{3,395}\times 100 ≒ 38.2\%$이고, 2003년(10년 전) 남성 노인 인구의 비율 $\frac{822}{2,195}\times 100 ≒ 37.4\%$이므로 2013년 남성 노인 인구의 비율이 보다 높아졌다.

ㄷ. (거짓) 2018년 노인 인구의 성비는 $\frac{1,760}{2,623}\times 100 ≒ 67\%$이고,

2008년(10년 전) 노인 인구의 성비는 $\frac{987}{1,670}\times 100 ≒ 59\%$이므로 2018년 노인 인구의 성비가 보다 높아졌다.

ㄹ. (거짓) 2023년부터 2033년까지 노인 인구의 성비를 구해보면

2023년 노인 인구의 성비 : $\frac{2,213}{3,141}\times 100 ≒ 70\%$

2028년 노인 인구의 성비 : $\frac{3,403}{4,418}\times 100 ≒ 77\%$

2033년 노인 인구의 성비 : $\frac{5,333}{6,566}\times 100 ≒ 81\%$

즉, 2023년부터 2033년까지 노인 인구의 성비는 점차 늘어날 것이다.

따라서 옳은 것은 ㄱ, ㄴ이다.

11 다음 표2에 대한 설명으로 옳지 않은 것을 고르면?

① 2013년의 고령화지수는 10년 전보다 2.7% 증가했다.

② 2018년에는 15~64세 인구 약 7.9명이 노인 1명을 부양한다.

③ 2028년에는 15~64세 인구 약 4.6명이 노인 1명을 부양한다.

④ 2028년의 0~14세 인구 100명당 노인 인구는 2003년의 0~14세 인구 100명당 노인 인구의 6배 이상이다.

⑤ 2018년 노년부양비는 10년 전에 비해 4.3% 증가하였고, 2018년에 비해 2028년에는 9.2% 증가할 것이다.

정답해설 2013년의 고령화지수는 34.3%이고, 2003년(10년 전)의 고령화지수는 20%이므로 2013년의 고령화지수는 10년 전보다 14.3% 증가했다.

오답해설 ② 2018년 노년부양비는 12.6%이고, 이는 경제활동인구(15~64세 인구) $\frac{100}{12.6}$≒7.9명이 노인 1명을 부양한다.

③ 2028년에 노년부양비는 21.8%이고, 이는 경제활동인구(15~64세 인구) $\frac{100}{21.8}$≒4.6명이 노인 1명을 부양한다.

④ 2003년의 0~14세 인구 100명당 노인 인구(노령화지수)는 20%이고, 2028년의 0~14세 인구 100명당 노인 인구(노령화지수)는 124.2%이므로 2003년의 6배 이상이다.

⑤ 2008년 노년부양비는 8.3%이고, 2018년 노년부양비는 12.6%, 2028년 노년부양비는 21.8%로 각각 4.3%, 9.2% 증가했다.

1DAY 2DAY 3DAY

정답 11 ①

12 **한국전력공사 신입사원 모집에서 1차 필기시험을 본 사람 중 합격자는 $\frac{4}{7}$이고, 1차 필기시험 합격자 중 2차 면접 합격자는 $\frac{2}{5}$이다. 이때 2차 면접에서 불합격자수가 144명일 때, 1차 필기시험에서 합격한 사람의 수를 고르면?**

① 240명
② 230명
③ 220명
④ 210명
⑤ 200명

정답해설 1차 필기시험을 본 사람의 수를 x(명)이라 하면 합격자수는 $\frac{4}{7}x$

이때, 1차 필기시험 합격자 중 2차 면접 합격자가 $\frac{2}{5}$이므로 2차 면접 불합격자는 $\frac{3}{5}$

따라서 2차 면접 불합격자수가 144명이므로 $\frac{4}{7}x\times\frac{3}{5}=144$, $x=420$

∴ 1차 필기시험에서 합격한 사람의 수 $=\frac{4}{7}\times420=240$명

[13~14] **다음 영업팀 6명의 제주도 2박 3일 출장 예상 비용에 관한 자료를 보고 물음에 답하시오.**

〈표1〉 1인 왕복 항공료

(단위 : 원)

A항공사	B항공사	C항공사	D항공사
62,000	70,000	65,000	74,000

※ B항공사 결제 시 S카드를 이용하면 본인 포함 동반 1인까지 10% 할인
D항공사 결제 시 S카드를 이용하면 본인 포함 동반 1인까지 20% 할인

〈표2〉 1인 식비 및 숙박비(1일 기준)

(단위 : 원)

구분		P호텔	Q호텔	R호텔
식사	조식	30,000	35,000	38,000
	석식	55,000	59,000	52,000
원룸(최대 2명)		132,000	140,000	134,000
투룸(최대 4명)		250,000	265,000	249,000

※ R호텔은 4인 조식 신청 시 1명 무료
Q호텔 결제 시 L카드 이용하면 숙박비 15% 할인
점심 식사는 밖에서 해결하고 조식과 석식은 호텔에서 한다.
방은 첫날 잡은 곳에서 2박한다.

13 **한국전력공사 영업팀에 근무하는 6명의 팀원 중 2명이 S카드를 이용해 가장 저렴하게 항공권을 구매했을 경우 항공사와 총비용을 바르게 연결한 것을 고르면?**

① B항공사, 360,800원
② B항공사, 378,800원
③ C항공사, 380,000원
④ D항공사, 384,800원
⑤ D항공사, 388,800원

정답 해설 6명의 팀원 중 2명이 S카드를 소지하고 있으므로 총 4명이 각각 B항공사, D항공사에서 10%, 20% 할인혜택을 받을 수 있다.
각 항공사별로 항공료를 계산해보면
A항공사 : $66,000 \times 6 = 396,000$
B항공사 : $(70,000 \times 4 \times 0.9) + (70,000 \times 2) = 252,000 + 140,000 = 392,000$
C항공사 : $65,000 \times 6 = 390,000$
D항공사 : $(74,000 \times 4 \times 0.8) + (74,000 \times 2) = 236,800 + 148,000 = 384,800$
따라서 D항공사를 이용할 때 가장 저렴한 가격인 384,800원에 항공권을 구매할 수 있다.

14 **2박 3일의 출장 기간 동안 L카드를 가지고 있는 팀원을 통해 숙박과 식사를 가장 저렴하게 이용할 수 있는 경우를 바르게 연결한 것을 고르면? (단, 식사는 첫째 날 저녁, 둘째 날 오전, 저녁, 셋째 날 오전까지만 포함한다.)**

① P호텔, 1,760,000원
② Q호텔, 1,770,000원
③ Q호텔, 1,780,000원
④ R호텔, 1,770,000원
⑤ R호텔, 1,780,000원

정답 해설 팀원이 6명이므로 원룸과 투룸 한 개씩 2일동안 사용하면 되고, 출장기간 중 식사는 조식 2번, 석식 2번이다. 특히 R호텔의 조식은 4인 신청 시 1명이 무료이므로 5인 가격만 지불하면 된다.
각 호텔별로 숙박비와 식비를 계산해보면
P호텔 : $2\{(30,000 \times 6) + (55,000 \times 6) + (132,000 + 250,000)\} = 2 \times 892,000 = 1,784,000$
Q호텔 : $2[(35,000 \times 6) + (59,000 \times 6) + \{(140,000 + 265,000) \times 0.85\}]$
$= 2 \times 908,250 = 1,816,500$
R호텔 : $2\{(38,000 \times 5) + (52,000 \times 6) + (134,000 + 249,000)\}$
$= 2 \times 885,000 = 1,770,000$
따라서 R호텔을 이용할 때 가장 저렴한 가격인 1,770,000원에 숙박비와 식비를 해결할 수 있다.

15 다음 단락을 내용의 흐름에 따라 순서대로 나열한 것을 고르면?

(가) 진정세균은 물이 있는 곳이라면 어디든지 서식하며, 주변의 화학 에너지를 흡수하고 때로는 자신들의 성장과 번식을 위해 태양 에너지를 이용하기도 한다. 대부분의 초기 광합성 박테리아들은 태양광선을 이용하여 주변의 황화수소 분자를 분해할 때 나오는 수소 원자를 에너지원으로 사용했던 것 같다. 그런데 지금으로부터 약 30억 년 전쯤 박테리아의 일부는 황화수소 대신 주변에 훨씬 더 풍부하게 존재하는 물에서 직접 수소를 분해할 수 있게 되었다. 그 결과 전보다 훨씬 효율적으로 생명 활동에 필요한 에너지를 생산하게 되었다. 하지만 모든 개선책에는 나름대로 대가가 따른다.

(나) 산화철의 부유물들이 대부분 가라앉고 바다가 다시 맑아졌을 무렵에는 이미 여러 가지 새로운 생물들이 생겨나 있었다. 이들 중에는 산화 작용에 의한 피해를 피해가거나 아니면 이로부터 자신들을 보호할 수 있는 방법을 터득한 종류도 있었지만, 아예 이 산소를 이용하는 적극적 해결방식을 채택한 것들도 있었다. 시원세균과 진정세균이 서로 합체하여 양분 고갈과 높아지는 산소 농도에 더 효율적으로 대응한 경우는 후자에 속한다. 이 합체의 결과로 오늘날 우리가 진핵생물이라고 부르는 새로운 생명체가 생겨났다.

(다) 박테리아의 경우 이 대가가 그렇게 큰 편은 아니었으나 무언가 불길한 조짐이 보였다. 그것은 물 분자 하나가 분해될 때마다 소중한 수소 원자를 두 개씩 얻을 수 있었지만, 동시에 매우 불안정한 산소 이온이 생겨난다는 사실이었다. 처음에 박테리아의 숫자가 그렇게 많지 않을 대에는 이 원하지 않는 부산물의 축적이 별로 문제가 되지 않았지만, 약 28억 년 전 지구상에 산소를 방출하는 박테리아들이 갑작스럽게 늘어나면서 이 변화는 누구나 쉽게 짐작할 수 있는 결과를 초래하였다.

(라) 광합성 박테리아 군집의 흔적이 해변을 따라 처음 나타나기 시작했을 무렵, 지구상에서는 그 이전에 이미 5억여 년에 걸쳐 생물의 진화가 진행되고 있었다. 그 당시에 살고 있던 생명체들에 대하여 우리가 알고 있는 정보는 극히 제한되어 있지만, 한 가지 확실한 것은 이 무렵 원래 한 종류였던 박테리아가 시원세균과 진정세균 두 종류로 갈라지게 되었다는 사실이다.

(마) 5억 년에 걸쳐 진정세균이 만들어 낸 산소는 지구의 바다들을 오염시켰을 뿐만 아니라 대기 중으로도 새어 나가기 시작하였다. 높은 농도의 철분을 포함하고 있던 지구의 원시 바다는 물에 녹지 않는 산화철이 생성됨에 따라 혼탁해지고 붉은 색을 띠게 되었다. 다시 말해서 녹이 슬어 버린 것이다. 이 현상은 고삐가 풀린 진화의 일방적 진

정답 14 ④ | 15 ②

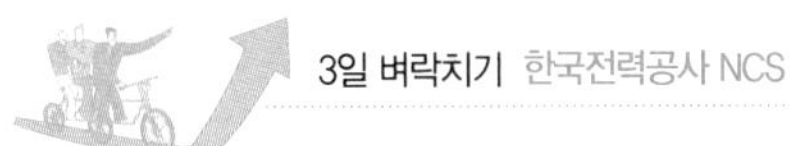

행과정에서 생겨나는 부산물, 즉 "쓰레기"들이 생태계를 대량으로 오염시키는 결과를 가져오는 전형적인 사례이다.

① (가)－(나)－(라)－(다)－(마)
② (라)－(가)－(다)－(마)－(나)
③ (라)－(마)－(다)－(가)－(나)
④ (마)－(가)－(나)－(라)－(다)
⑤ (마)－(다)－(나)－(라)－(가)

정답 해설 (라)는 논의의 대상을 끌어들이는 도입 문단의 성격을 지니므로 첫 문단으로 적절하다. (라)의 마지막 문장에서 시원세균과 진정세균에 대해 언급했고 (가)에서 진정세균에 대한 설명으로 시작하므로 (라) 다음 (가)가 위치해야 한다. 다음으로 (가)의 마지막 문장에 나오는 '대가'를 (다)의 첫 문장에 '이 대가'로 받고 있으므로 (다)는 (가) 다음에 이어지는 추가 설명 문단이 된다. 또한 (가), (다)에서 언급되는 시간의 추이를 살펴보면 30억 년 전, 28억 년 전이므로 (마)에 나오는 5억여 년은 (다)뒤에 (마)가 위치함을 알 수 있다. 또한 (마)에 나오는 '산화철의 생성'이 (나)의 '산화철의 부유물이 가라앉는다.'는 표현으로 서술되었으므로 (마) 다음 (나)가 위치해야 한다.
따라서 문단의 순서는 (라)－(가)－(다)－(마)－(나)이다.

16 원가가 25,000원인 제품 A를 정가의 20% 할인 판매하여 원가의 12% 이상의 이익을 얻으려고 한다. 이때, 정가를 최소 얼마 이상으로 정해야 하는지 고르면?

① 31,000원 ② 32,000원

③ 33,000원 ④ 34,000원

⑤ 35,000원

정답해설 제품 A의 정가를 x원이라고 할 때, 여기서 20%를 할인하면 실제 판매가는 $0.8x$원이므로 이익은 $0.8x-25,000$(원)이다. 이때, 원가의 12% 이상인 $0.12\times25,000=3,000$ 이상의 이익을 얻어야 한다.

$0.8x-25,000\geq3,000$

$0.8x\geq28,000$

$x\geq35,000$

따라서 최소 35,000원 이상으로 정가를 정해야 한다.

정답 16 ⑤

[17~18] 다음 제시된 한국전력공사 배전 설비 현황에 관한 자료를 보고 물음에 답하시오.

〈표〉 배전 설비 현황

구분	1980년	1990년	2000년	2016년	2017년	2018년
선로길이(c−km)	122,830	231,263	351,264	474,098	478,126	㉠
지지물(천기)	2,029	3,904	6,439	9,112	9,207	㉡
변압기(천대)	263	602	1,308	2,158	2,178	2,189

17 2018년 배전 설비 현황 중 선로길이는 전년대비 5%, 지지물은 전년대비 2% 증가한다면 ㉠+㉡의 값을 고르면?

① 511,423.44
② 513,420.44
③ 515,423.44
④ 520,420.44
⑤ 523,423.44

2018년 선로길이=2017년 선로길이×1.05
2018년 지지물=2017년 지지물×1.02
이를 바탕으로 계산해보면
2018년 선로길이=478,126×1.05=502,032.3
2018년 지지물=9,207×1.02=9,391.14
따라서 ㉠+㉡=502,032.3+9,391.14=511,423.44

18 다음 제시된 자료의 내용에 대해 〈보기〉 중 옳지 않은 것을 고르면?

보기

ㄱ. 선로길이는 시간이 지남에 따라 점차 증가하고 있다.

ㄴ. 지지물이 가장 큰 폭으로 증가했을 시기는 1990년~2000년이다.

ㄷ. 2018년 변압기 설비 현황은 1980년 변압기 설비 현황의 9배 이상이다.

ㄹ. 2016년 대비 2017년에 가장 작은 폭으로 증가한 것은 지지물이다.

ㅁ. 2016년 선로길이는 1990년 선로길이의 2배 이상이다.

① ㄱ, ㅁ　　② ㄴ, ㄹ

③ ㄷ, ㅁ　　④ ㄴ, ㄷ, ㄹ

⑤ ㄷ , ㄹ, ㅁ

ㄱ. (참) 선로길이는 시간이 지남에 따라 점차 증가하고 있다.

ㄴ. (거짓) 1980년~1990년 : 3,904－2,029＝1,875

1990년~2000년 : 6,439－3,904＝2,535

2000년~2016년 : 9,112－6,439＝2,673

2016년~2017년 : 9,207－9,112＝95

2017년~2018년 : 9,391.14－9,207＝184.14

따라서 지지물이 가장 큰 폭으로 증가했을 시기는 2000년~2016년이다.

ㄷ. (거짓) 2018년 변압기 설비 현황은 2,189이고

1980년 변압기 설비 현황은 263

263×9＝2,367이고, 2,189＜2,367이므로 9배 미만이다.

ㄹ. (거짓) 선로길이 : $\frac{(478,126-474,098)}{474,098}\times 100 \fallingdotseq 0.8\%$

지지물 : $\frac{(9,207-9,112)}{9,112}\times 100 \fallingdotseq 1.04\%$

변압기 : $\frac{(2,178-2,158)}{2,158}\times 100 \fallingdotseq 0.9\%$

따라서 2016년 대비 2017년에 가장 작은 폭으로 증가한 것은 선로길이이다.

ㅁ. (참) 2016년 선로길이는 474,098이고

1990년 선로길이는 231,263

231,263×2＝462,526이고 474,098＞462,526이므로 2배 이상이다.

따라서 옳지 않은 것은 ㄴ, ㄷ, ㄹ이다.

[19~20] 다음 제시된 캔 커피를 만드는 회사의 제품 코드 생성표를 보고 물음에 답하시오.

시리얼 넘버 생성 방법 : (제조 연도)－(생산 라인)－(제품 종류 번호)－(생산 번호)

㉮ 2018년 4월 5일 서울 02공장에서 15,015번째로 만들어진 아이스 아메리카노
Y040518－P02－E0321－L015015

〈표〉 제품 코드 생성표

제조 연도	생산 라인			생산 종류 번호			생산 번호
㉮ 2018년 5월 10일에 생산 → Y051018	서울	01	P01	찬	아메리카노	E0321	12,400번째 생산 → L012400
		02	P02		카페라떼	E0331	
		03	P03		카페모카	E0341	
	경기	01	Q01	따뜻한	아메리카노	H0321	
		02	Q02		카페라떼	H0331	
		03	Q03		카페모카	H0341	

19 다음 주어진 시리얼 넘버에 대해 추론한 것으로 옳지 않은 것을 고르면?

Y010718－Q02－H0341－L011040

① 이 제품은 2018년 1월 7일에 만들어졌다.

② 이 제품은 차가운 음료이다.

③ 이 제품은 경기 02공장에서 생산되었다.

④ 이 제품은 카페모카이다.

⑤ 'L011040'을 통해 이 제품은 11,040번째 생산됨을 알 수 있다.

정답 해설 주어진 시리얼 넘버를 해석해보면
Y010718 : 2018년 1월 7일 생산
Q02 : 경기 02공장에서 생산
H0341 : 따뜻한 카페모카
L011040 : 11,040번째 생산
따라서 시리얼 넘버를 잘못 추론한 것은 ②이다.

20 **한국전력공사의 영업팀이 9월 체육대회를 위해 캔 커피를 구입하였다. 다음 캔 커피 구입 목록들에 대해 알 수 있는 것을 고르면?**

〈캔 커피 구입 목록〉

- Y071718－P01－H0321－L001040
- Y082718－P03－E0331－L000912
- Y070818－P02－E0341－L022405
- Y073018－P01－H0331－L000118
- Y082618－P02－E0321－L014012
- Y090118－P02－E0331－L032004
- Y090118－P01－H0341－L008553
- Y070418－P01－H0321－L003042
- Y080418－P02－E0321－L024550
- Y080818－P02－E0321－L031042

① 구입한 캔 커피들은 모두 경기공장에서 생산된 제품이다.
② 구입한 캔 커피들 중 2017년에 생산된 것도 있다.
③ 같은 날짜에 생산된 커피는 없다.
④ 찬 커피는 4잔, 따뜻한 커피는 6잔이다.
⑤ 체육대회를 기준으로 3개월 이내에 생산된 제품들이다.

정답 19 ② | 20 ⑤

정답 해설 구입한 캔 커피의 목록들의 제조 연도를 확인해보면 9월에 열리는 체육대회를 기준으로 3개월 이내인 7월~9월에 모두 제조한 제품들이다.

오답 해설 ① 구입한 캔 커피들은 모두 P로 시작하므로 서울공장에서 생산된 제품이다.
② 구입한 캔 커피들은 모두 2018년에 생산된 제품이다.
③ 2018년 09월 11일에 생산된 캔 커피가 2개 있다.
④ 찬 커피는 6잔, 따뜻한 커피는 4잔이다.

21 한국전력공사에는 사내 동아리로 봉사, 독서, 영화 동아리가 있다. 다음은 3가지 동아리 중 적어도 한 동아리에 가입한 사원 100명에 대한 설명이다.

(가) 봉사 동아리에 가입한 사원 중 독서 동아리에 가입하지 않은 사원은 23명이다.
(나) 독서 동아리에 가입한 사원 중 영화 동아리에 가입하지 않은 사원은 29명이다.
(다) 3가지 동아리에 모두 가입한 사원은 17명이다.

영화 동아리에 가입한 사원 중 봉사 동아리에 가입하지 않은 사원의 수를 고르면?

① 30명 ② 31명
③ 32명 ④ 33명
⑤ 34명

정답 해설 봉사, 독서, 영화 동아리에 가입한 사원들의 집합을 각각 A, B, C라고 하고 조건 (가), (나), (다)를 이용하여 벤 다이어그램으로 나타내면 다음과 같다.

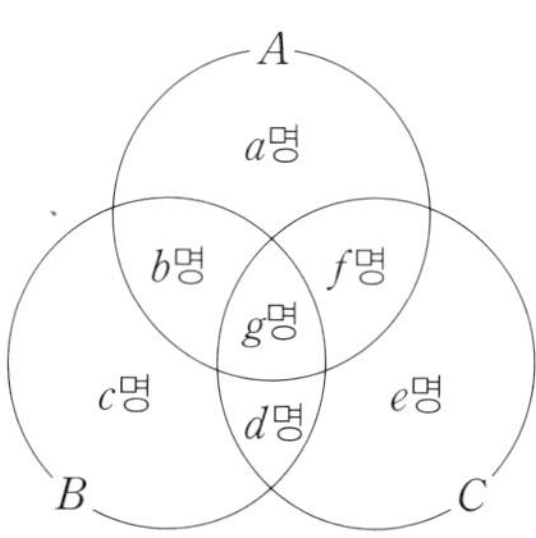

$n(A-B)=a+f=23$

$n(B-C)=b+c=29$

$n(A\cap B\cap C)=g=17$

이때, 100명의 학생이 3가지 대회 중 적어도 한 동아리에 가입하였으므로

$n(A\cup B\cup C)=a+b+c+d+e+f+g=100$

영화 동아리에 가입한 사원 중 봉사 동아리에 가입하지 않은 사원의 집합은 $C-A$이므로

$$
\begin{aligned}
n(C-A)&=d+e\\
&=(a+b+c+d+e+f+g)-(a+f)-(b+c)-g\\
&=100-23-29-17=31
\end{aligned}
$$

따라서 구하는 사원의 수는 31명이다.

정답 21 ②

22 다음은 흡연 여부에 따른 폐암 발생 현황을 표로 정리한 것이다. 표와 자료에 근거한 설명으로 〈보기〉에서 옳은 것을 고르면?

〈표〉 흡연 여부에 따른 폐암 발생 현황

(단위 : 명)

구분		폐암 발생 여부		계
		발생	비발생	
흡연 여부	흡연	300	700	1,000
	비흡연	300	9,700	10,000
계		600	10,400	11,000

• 기여율 $=\dfrac{A-B}{A}\times 100$

(위험요인에 노출된 사람 중에서 질병발생률 중 몇 %가 위험요인에 기인한 것인가를 나타냄)

$A=$ 위험요인에 노출된 사람 중에서 질병발생률(%)

$B=$ 위험요인에 노출되지 않은 사람 중에서 질병발생률(%)

보기

ㄱ. 흡연자가 비흡연자보다 폐암발생률이 10배 높다.

ㄴ. 흡연자 100명에서 폐암이 발생할 사람 수는 비흡연자 100명에서 폐암이 발생할 사람 수보다 27명 더 많다.

ㄷ. 흡연의 폐암발생 기여율은 90%이다.

ㄹ. 조사 대상의 전체 인구 중 폐암 발생자 비율이 조사 대상의 전체 인구 중 흡연자 비율보다 높게 나타난다.

① ㄱ, ㄴ
② ㄴ, ㄹ
③ ㄷ, ㄹ
④ ㄱ, ㄷ, ㄹ
⑤ ㄱ, ㄴ, ㄷ

흡연여부에 따라 흡연자는 1,000명, 비흡연자는 10,000명을 대상으로 한 조사에서 폐암 발생은 300명으로 동일하다. 즉, 흡연자는 30%, 비흡연자는 3%의 흡연발생률을 보인다.

ㄱ. (참) 흡연자는 30%, 비흡연자는 3%이므로 10배이다.

ㄴ. (참) 흡연자 100명 중 폐암발생자는 30명이 되며, 비흡연자는 100 중 폐암발생자는 3명이 되므로

둘의 차이는 27명이다.

ㄷ. (참) 주어진 기여율의 정의에 따라 $\frac{(30-3)}{30} \times 100 = 90\%$이다.

ㄹ. (거짓) 조사 대상 전체 인구는 11,000명이고 이 중 폐암 발생자는 600명, 흡연자는 1,000명이다. 따라서 조사 대상 전체 인구 중 폐암 발생자 비율 $\left(\frac{600}{11,000}\right)$은 조사 대상 전체 인구 중 흡연자 비율 $\left(\frac{1,000}{11,000}\right)$보다 낮다.

따라서 옳은 것은 ㄱ, ㄴ, ㄷ이다.

23 **아래 워크시트에서 [A2:B8] 영역을 참조하여 [E3:E7] 영역에 학점별 사원 수를 표시하고자 한다. 다음 중 [E3] 셀에 수식을 입력한 후 채우기 핸들을 이용하여 [E7] 셀까지 계산하려고 할 때 [E3] 셀에 입력해야 할 수식으로 옳은 것을 고르면?**

	A	B	C	D	E
1	사내 시험 성적 분포				
2	이름	학점		학점	사원 수
3	김현미	B		A	2
4	조미림	C		B	1
5	심기훈	A		C	2
6	박원석	A		D	1
7	이영준	D		F	0
8	최세종	C			

① =COUNTIF(B3:B8, D3)
② =COUNTIF($B$3:$B$8, D3)
③ =SUMIF(B3:B8, D3)
④ =SUMIF($B$3:$B$8, D3)
⑤ =SUM($B$3:$B$8, D3)

정답 해설 사원 수를 계산해야 하므로 COUNTIF 함수를 사용해야 하며 자동 채우기를 해야 하므로 범위(Range) 영역은 절대참조로 설정해야 한다.

정답 22 ⑤ | 23 ②

오답 해설 ④ SUMIF : 조건에 부합하는 셀의 값만을 모두 더하는 함수
⑤ SUM : 범위에 있는 셀의 값을 모두 더하는 함수

24 **한국전력공사에 근무하는 A사원은 연비가 18km/L인 차를 타고 다닌다. 한 달 동안 이용한 거리를 측정해 보니 396km였을 때, A사원이 한 달동안 사용한 휘발유의 양을 바르게 나타낸 것을 고르면?**

① 20L
② 21L
③ 22L
④ 23L
⑤ 24L

정답 해설 연비가 18km/L라는 것은 휘발유 1L로 최대 18km까지 이동할 수 있다는 뜻이다.
따라서 한 달동안 396km를 이동했을 때 사용한 휘발유의 양을 구하면 396÷18=22
따라서 A사원이 한 달 동안 사용한 휘발유의 양은 22L이다.

25 한국전력공사 체육대회 때 기획팀과 영업팀 축구시합을 진행하였다. 주어진 조건이 모두 참일 때 반드시 참일 것을 고르면?

〈조건〉

- 기획팀은 검정색 상의를, 영업팀은 흰색 상의를 입고 있다.
- 양 팀에서 축구화를 신고 있는 사람은 모두 안경을 쓰고 있다.
- 양 팀에서 안경을 쓴 사람은 모두 수비수이다.
- 김 과장은 현재 수비수 또는 공격수의 한 사람으로 뛰고 있다.

① 만약 김 과장이 공격수라면, 안경을 쓰고 있다.

② 김 과장은 흰색 상의를 입고 있거나 축구화를 신고 있다.

③ 만약 김 과장이 영업팀의 공격수라면, 축구화를 신고 있지 않다.

④ 만약 김 과장이 검정색 상의를 입고 있다면, 안경을 쓰고 있다.

⑤ 만약 김 과장이 기획팀의 수비수라면, 김 과장은 검정색 상의와 안경을 쓰고 있다.

정답해설 축구화를 신은 사람은 모두 수비수이므로 김 과장이 영업팀의 공격수라면 그는 축구화를 신고 있지 않을 것이다.

오답해설 ① 양 팀에서 안경을 쓰고 있는 사람은 모두 수비수이다. 그러므로 김 과장이 공격수라면 안경을 쓰고 있지 않을 것이다.

② 흰색 상의는 영업팀의 유니폼이다. 또한 축구화를 신고 있는 사람은 모두 안경을 쓰고 있으며, 안경을 쓰고 있는 사람은 모두 수비수이므로 축구화를 신고 있는 사람은 모두 수비수이다. 그러나 김 과장이 속해 있는 팀도, 그가 수비수인지의 여부도 알 수 없다.

④ 검정색 상의는 기획팀의 유니폼이다. 또한 안경을 쓰고 있는 사람은 수비수이다. 그러나 김 과장이 어느 팀에 속해 있는지, 그가 수비수인지 공격수인지 알 수 없는 상황이다.

⑤ 만약 김 과장이 기획팀의 수비수라면 유니폼으로 검정색 상의를 입고 있는 것은 당연하다. 그러나 조건에서 안경을 쓴 사람이 모두 수비수라고는 했지만 이것이 모든 수비수가 안경을 쓰고 있다는 의미는 아니므로 수비수인 김 과장이 안경을 쓰고 있다고 단정할 수 없다.

26 다음 중 (가), (나)에 들어갈 단어가 순서대로 바르게 연결된 것을 고르면?

강유(剛柔) : 흑백(黑白) = (가) : (나)

① 사업(事業), 의복(衣服)
② 송죽(松竹), 부모(父母)
③ 해양(海洋), 고저(高低)
④ 청산(靑山), 백운(白雲)
⑤ 빈부(貧富), 대소(大小)

정답 해설 강유(剛柔)와 흑백(黑白)은 서로 반대되는 의미를 가진 한자가 만나 이루어진 대립관계의 한자어이다. 따라서 (가)와 (나)에는 대립관계의 한자어인 '빈부(貧富)'와 '대소(大小)'가 들어가는 것이 적절하다.

오답 해설
① 서로 비슷한 뜻을 가진 한자로 이루어진 한자어들이다.
② 서로 대등한 의미를 가진 한자가 만나 이루어진 한자어들이다.
③ 해양(海洋)은 유사관계, 고저(高低)는 대립관계의 한자어이다.
④ 서로 수식관계의 한자로 이루어진 한자어들이다.

27 **한국전력공사 신입사원 A와 B 두 사람이 같이 하면 6일이 걸리는 일이 있다. A사원이 먼저 2일 동안 일한 후 나머지를 B사원이 14일 동안 하면 일을 끝낼 수 있다고 한다. 이때, A사원이 혼자서 일을 마치는데 걸리는 일수를 고르면?**

① 6일 ② 7일
③ 8일 ④ 9일
⑤ 10일

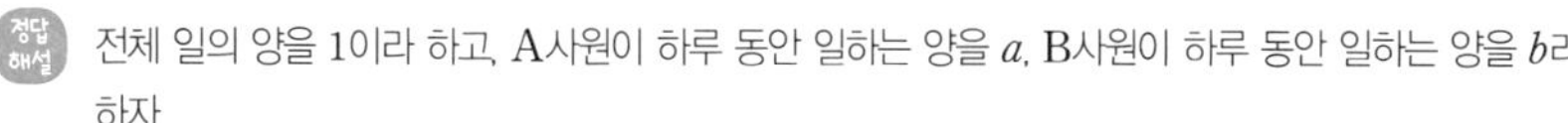

정답해설 전체 일의 양을 1이라 하고, A사원이 하루 동안 일하는 양을 a, B사원이 하루 동안 일하는 양을 b라 하자.

두 사람이 동시에 하면 6일 걸리므로 $6a+6b=1$ ⋯ ㉠

A사원이 2일, B사원이 14일 동안 하면 일이 끝나므로 $2a+14b=1$ ⋯ ㉡

㉠, ㉡을 연립하면 $\begin{cases} 6a+6b=1 \\ 6a+42b=3 \end{cases}$

$36b=2$, $b=\frac{1}{18}$이고, ㉠에 대입하면 $a=\frac{1}{9}$

따라서 A사원이 하루에 하는 일의 양은 $\frac{1}{9}$이므로 A사원 혼자 일을 한다면 9일이 걸린다.

[28~29] 다음 표는 육아휴직 이용과 인력대체 현황이다. 물음에 답하시오.

〈표1〉 성별 육아휴직 이용인원 현황(2016년~2018년)

(단위 : 명)

구분	2016년		2017년		2018년	
	대상인원	이용인원	대상인원	이용인원	대상인원	이용인원
남성	18,620	25	15,947	50	15,309	55
여성	9,749	578	8,565	894	9,632	1,133
전체	28,369	603	24,512	944	24,941	1,188

※ 육아휴직 이용률(%)$=\frac{\text{육아휴직 이용인원}}{\text{육아휴직 대상인원}}\times 100$

〈표2〉 육아휴직 이용과 인력대체 현황(2018년)

(단위 : 명)

구분	대상 인원	이용 인원	대체 인원
중앙행정기관	14,929	412	155
지방자치단체	10,012	776	189
계	24,941	1,188	344

※ 육아휴직 인력대체율(%)$=\frac{\text{육아휴직 대체인원}}{\text{육아휴직 이용인원}}\times 100$

28 표1에 대한 설명으로 〈보기〉 중 옳은 것을 고르면?

보기

ㄱ. 2017년 여성의 육아휴직 이용률은 약 10.4%이다.

ㄴ. 2018년의 전체 육아휴직 이용률은 2016년에 비해 2배 이상이다.

ㄷ. 전체 육아휴직 이용인원 중 남성의 비중은 매년 증가하였다.

ㄹ. 2016년과 2018년을 비교하였을 때 육아휴직 이용률의 증가폭은 남성이 여성보다 크다.

① ㄱ, ㄴ　　② ㄱ, ㄹ

③ ㄴ, ㄹ　　④ ㄷ, ㄹ

⑤ ㄱ, ㄴ, ㄷ

ㄱ. (참) 2017년 여성의 육아휴직 이용률 $\frac{894}{8,565} \times 100 \fallingdotseq 10.4\%$이다.

ㄴ. (참) 2018년 전체 육아휴직 이용률은 $\frac{1,188}{24,941} \times 100 \fallingdotseq 4.76\%$이고, 2016년 전체 육아휴직 이용률은 $\frac{603}{28,369} \times 100 \fallingdotseq 2.12\%$이므로 2배 이상이다.

ㄷ. (거짓) 전체 육아휴직 이용인원 중 남성의 비중을 구해보면

2016년 : $\frac{25}{603} \times 100 \fallingdotseq 4.14\%$

2017년 : $\frac{50}{944} \times 100 \fallingdotseq 5.29\%$

2018년 : $\frac{55}{1,188} \times 100 \fallingdotseq 4.62\%$

따라서 2018년도 육아휴직 이용 남성의 비중은 2017년도에 비해 줄어들었다.

ㄹ. (거짓) 남성의 육아휴직 이용률은

2016년 : $\frac{25}{18,620} \times 100 \fallingdotseq 0.13\%$

2018년 : $\frac{55}{15,309} \times 100 \fallingdotseq 0.35\%$이므로 증가폭은 약 0.22%이다.

여성의 육아휴직 이용률은

2016년 : $\frac{578}{9,749} \times 100 \fallingdotseq 5.92\%$

2018년 : $\frac{1,133}{9,632} \times 100 \fallingdotseq 11.76\%$이므로 증가폭은 약 5.84%이다.

즉, 여성의 이용률 증가폭이 훨씬 크다.

따라서 옳은 것은 ㄱ, ㄴ이다.

정답 28 ①

29 표2에 대한 설명으로 옳지 않은 것을 고르면?

① 육아휴직 이용률은 중앙행정기관이 지방자치단체보다 낮다.

② 전체 육아휴직 대상 인원 중 중앙행정기관의 비율은 약 60%이다.

③ 전체 육아휴직 인력대체율은 약 30%를 넘지 못한다.

④ 육아휴직 인력대체율은 중앙행정기관이 지방자치단체보다 낮다.

⑤ 전체 육아휴직 이용률은 약 4.8%이다.

정답 해설 육아휴직 인력대체율은 중앙행정기관이 $\frac{155}{412} \times 100 ≒ 37.6\%$이고,

지방자치단체은 $\frac{189}{776} \times 100 ≒ 24.3\%$이므로 중앙행정기관이 더 높다.

오답 해설 ① 육아휴직 이용률은 중앙행정기관이 $\frac{412}{14,929} \times 100 ≒ 2.75\%$이고,

지방자치단체 $\frac{776}{10,012} \times 100 ≒ 7.75\%$이므로 중앙행정기관이 낮다.

② 전체 육아휴직 대상 인원 중 중앙행정기관의 비율은

$\frac{14,929}{24,941} \times 100 ≒ 59.8\%$이므로 약 60%이다.

③ 전체 육아휴직 인력대체율은 $\frac{344}{1,188} \times 100 ≒ 28.9\%$이므로 약 30%를 넘지 못한다.

⑤ 전체 육아휴직 이용률은 $\frac{1,188}{24,941} \times 100 ≒ 4.76\%$이므로 약 4.8%이다.

30 다음의 〈표〉와 같은 두 가지 투자계획이 있다. 이를 토대로 판단할 때 타당한 것을 〈보기〉에서 모두 고르면?

〈표〉 투자계획별 비용과 수익

투자계획	현재투자비용	1년 후 수익(현재투자비용+순수익)
X	2,000	2,160
Y	200	240

※ 다만, 각 투자계획은 1년 후 종료되며 중복투자는 불가능하다.

※ 세금 등 다른 비용은 없는 것으로 한다.

보기

㉠ 투자계획에 투자하는 대신 같은 기간 은행에 예금했을 경우 이자율이 연 6%라고 가정한다면, 투자계획 X는 은행예금보다 바람직하지 않을 것이다.

㉡ 투자계획에 투자하는 대신 같은 기간 은행에 예금했을 경우 이자율이 연 15%라고 가정한다면, 투자계획 Y를 채택하는 것이 은행예금보다 바람직할 것이다.

㉢ 기간 당 수익률만을 비교하면, 투자계획 Y가 X보다 바람직하다.

㉣ 각각의 투자계획에 필요한 자금 전액을 연 6%의 이자로 빌릴 수 있다고 가정할 때 기간 당 순수익이 큰 것을 선택한다면, 투자계획 X와 Y 중에서 Y를 선택하게 될 것이다.

① ㉠, ㉡　② ㉡, ㉢
③ ㉢, ㉣　④ ㉠, ㉡, ㉣
⑤ ㉡, ㉢, ㉣

정답해설

㉡ 은행의 이자율이 연 15%인 경우 200만 원을 예금했다면 1년 후 수익은 230만 원이다. 이에 비해 투자계획 Y를 채택하는 경우 투자수익은 '240만 원'으로 은행예금 수익보다 크므로, 투자계획 Y를 채택하는 것이 은행예금보다 바람직하다.

㉢ 투자계획 X의 수익률은 연 '$\frac{(2,160-2,000)}{2,000}\times 100=8\%$'이며, Y의 수익률은 연 '$\frac{(240-200)}{200}\times 100=20\%$'이므로, 기간 당 수익률만을 비교하면 투자계획 Y가 X보다 바람직하다.

31 다음 제시문을 읽고 추론할 수 없는 것을 고르면?

옛날 중국의 정전법(井田法)은 대단히 훌륭한 제도였다. 경계(境界)가 한결같이 바로잡히고 모든 일이 잘 처리되어서 온 백성이 일정한 직업을 갖게 되었고, 병사를 찾아서 긁어모으는 폐단이 없었다. 지위의 귀천과 상하를 논할 것 없이 저마다 그 생업을 얻지 못하는 사람이 없었으므로 이로써 인심이 안정되고 풍속이 순후해졌다. 장구한 세월을 지내오면서 국운이 잘 유지되고 문화가 발전되어 간 것은 이러한 토지제도의 기반이 확립되어 있었기 때문이다. 후세에 전제(田制)가 허물어져서 토지 사유의 제한이 없게 되니, 만사가 어지럽게 되고 모든 것이 이에 상반되었던 것이다.

그러므로 아무리 좋은 정치를 해보겠다는 군주가 있다 해도 전제를 바로잡지 못하면 백성의 재산이 끝내 일정할 수 없고, 부역이 끝내 공평하지 못하며, 호구가 끝내 분명하지 못하고, 형벌이 끝내 줄어들지 못하며, 뇌물을 끝내 막을 수 없고, 풍속이 끝내 순후하게 되지 못할 것이다. 이같이 되고서 좋은 정치가 행해진 적은 일찍이 없었다.

대체 이와 같은 것은 무엇 때문인가? 토지는 천하의 근본이다. 큰 근본이 잘되면 그에 따라 온갖 법도가 한 가지도 마땅하지 않은 것이 없고, 큰 근본이 문란해지면 온갖 법도가 따라서 한 가지도 마땅함을 얻지 못한다. 진실로 정치의 본체를 깊이 인식하지 못한다면, 천리(天理)와 인사(人事)의 이해득실이 이것에 귀착된다는 사실을 어떻게 알겠는가? 후세의 뜻있는 자가 지금이라도 한번 옛 제도를 시행해 보고자 하지만, 우리나라와 같은 곳에서는 가는 곳마다 산과 계곡이 많아서 땅을 정전으로 구획하기 어렵고 또한 공전(公田)과 채지(采地)*의 분배 방법 등을 잘 알지 못한다는 난점이 있다.

*채지 : 귀족들에게 주던 토지

① 좋은 정치를 행하기 위해서는 토지 제도를 바로잡아야 한다.
② 정전제가 무너진 것은 대토지소유 현상이 확산되었기 때문이다.
③ 새로운 토지 제도를 수립하려면 지형 등 환경적 요소를 고려해야 한다.
④ 우리나라에서도 정전제와 같은 훌륭한 토지 제도를 마련할 필요가 있다.
⑤ 토지 제도가 바로 세워지면 사회 · 경제가 안정될 뿐 아니라 문화도 발전한다.

정답 해설 첫째 문단에 정전제가 무너진 이후 만사가 어지럽게 되었다는 내용이 나와 있지만 그 원인은 제시되어 있지 않다. '토지 사유의 제한이 없게 되었다.'는 내용이 나오지만 이것은 정전법의 결과 중 하나로 제시되어 있다. 따라서 ②은 이것을 원인으로 보고 있기 때문에 잘못된 추론이다.

오답 해설 ① 둘째 문단에 언급되어 있는 내용이다.

③ 셋째 문단에서 우리나라의 경우 산과 계곡이 많아 정전제를 그대로 시행하기에는 난점이 있다고 했다. 이를 통해 우리나라에 적절한 토지 제도는 우리나라 지형의 특수성을 고려한 것이어야 한다.

④ 첫째 문단에 따르면 훌륭한 토지 제도는 국운과 문화 발전의 기반이다. 그런데 셋째 문단에서 우리나라에 훌륭한 토지 제도가 정착되지 못했음을 알 수 있다. 따라서 비록 정전제는 아니라도 그처럼 훌륭한 토지 제도를 마련할 필요가 있음을 추론할 수 있다.

⑤ 첫째 문단에 언급되어 있는 내용이다.

[32~33] 다음 제시된 해외 원전사업처의 하계휴가 계획표를 보고 물음에 답하시오.

〈해외 원전사업처 휴가 규정〉

- 이미 정해진 업무 일정은 조정이 불가능하다.
- 정보보안전략팀 소속 직원은 모두 6명이다.
- 사무실에는 최소 4명이 근무하고 있어야 한다.
- 휴가는 4일을 반드시 붙여 써야 하고, 주말 및 공휴일은 휴가 일수에서 제외한다.
- 휴가는 8월 중에 모두 다 다녀와야 한다.

〈표1〉 8월 달력

일	월	화	수	목	금	토
			1	2	3	4
5	6	7	8	9	10	11
12	13	14	15 광복절	16	17	18
19	20	21	22	23	24	25
26	27	28	29	30	31	

〈표2〉 개인별 일정

팀원	업무일정	희망 휴가일
임 부장	8월 28일~8월 31일 출장	8월 3일~8월 8일
주 과장	8월 1일~8월 2일 출장	8월 22일~8월 27일
안 과장	8월 1일 출장	8월 9일~8월 14일
윤 대리	8월 21일~8월 23일 교육	8월 28일~8월 31일
함 대리	8월 14일 출장	8월 16일~8월 21일
김 사원	8월 17일~8월 21일 교육	8월 8일~8월 13일

※ 출장 및 교육은 사무실 외에서 진행된다.

32 다음 주어진 해외 원전사업처 휴가 규정에 따라 희망 휴가 일정을 조율하고자 할 때, 동의를 구해야 할 팀원을 고르면?

① 임 부장 ② 주 과장

③ 안 대리 ④ 함 대리

⑤ 김 사원

해외 원전사업처 팀원들의 업무 일정과 희망 휴가일을 8월에 표시해보면

일	월	화	수	목	금	토
			1 주 과장 출장 안 과장 출장	2 주 과장 출장	3 임 부장 휴가	4
5	6 임 부장 휴가	7 임 부장 휴가	8 김 사원 휴가 임 부장 휴가	9 김 사원 휴가 안 과장 휴가	10 김 사원 휴가 안 과장 휴가	11
12	13 김 사원 휴가 안 과장 휴가	14 안 과장 휴가 함 대리 출장	15 광복절	16 함 대리 휴가	17 함 대리 휴가 김 사원 교육	18
19	20 함 대리 휴가 김 사원 교육	21 함 대리 휴가 김 사원 교육 윤 대리 교육	22 윤 대리 교육 주 과장 휴가	23 윤 대리 교육 주 과장 휴가	24 주 과장 휴가	25
26	27 주 과장 휴가	28 윤 대리 휴가 임 부장 출장	29 윤 대리 휴가 임 부장 출장	30 윤 대리 휴가 임 부장 출장	31 윤 대리 휴가 임 부장 출장	

8월 21일에 3명이 자리를 비우므로 사무실에 최소 4명이 근무하고 있어야 한다는 규정을 어기게 된다. 따라서 이미 정해진 업무 일정은 조정이 불가능하므로 함 대리의 휴가 일정을 조정해야 한다.

정답 32 ④

33 다음 중 위의 문제에서 휴가 일정을 조정하게 된 팀원이 새롭게 희망 휴가일을 제출하였을 때, 적절한 날짜를 고르면? (단, 다른 팀원들의 일정이나 해당 팀원의 업무 일정에는 변화가 없다.)

① 8월 2일~8월 7일
② 8월 7일~8월 10일
③ 8월 13일~8월 17일
④ 8월 20일~8월 23일
⑤ 8월 24일~8월 29일

정답해설 함 대리의 휴가 일정을 제외하고 8월 달력을 살펴보았을 때,
8월 2일~8월 7일
8월 16일~8월 20일
8월 24일~8월 27일
위의 날짜에는 사무실에 최소 4명이 근무하고 있어야 한다는 규정을 만족한다.
이때 휴가는 4일을 반드시 붙여 써야 하므로 모두 만족하는 날짜는
'8월 2일~8월 7일'이다.

34 한국전력공사는 A, B, C토너 중 8개를 새로 구입하고자 한다. 다음 제품 카탈로그와 전달사항을 보고 한국전력공사가 구매할 토너의 가격을 고르면? (단, 8개의 토너는 동일한 제품으로 구입한다.)

〈표〉 A, B, C토너 제품 카탈로그

구분	A토너	B토너	C토너
가격	28,000원	35,000원	40,000원
출력매수	21,000장	18,000장	20,000장
제조 국가	중국	한국	한국
특징	• 호환 프린트기 : QW010, QW011 • A/S 6개월 보상	• 호환 프린트기 : QW010, QW011, QW012, QW013 • 5개 이상 구입 시 전체 금액 10% 할인 • A/S 1년 보상	• 호환 프린트기 : QW010, QW011, QW012, QW013 • 5개 이상 구입 시 전체 금액 20% 할인 • A/S 1년 보상

〈토너 구입 관련 전달사항〉

- 토너의 출력매수는 18,000장 이상이면 좋다.
- 우리 회사에서 사용하는 프린터기는 QW010, QW011, QW012이므로 이에 호환되어야 한다.
- 이전 토너 사용 기록을 보니 토너 1개를 8개월 정도 사용하니 A/S기간은 그 이상이어야 한다.
- 중국에서 제조한 토너를 이용했더니 선명하지 않았다.
- 가장 저렴한 토너를 구입한다.

① 222,000원 ② 232,000원

③ 242,000원 ④ 252,000원

⑤ 262,000원

주어진 제품 카탈로그를 참고해보면 제조 국가는 한국이며, 프린터기는 QW010, QW011, QW012이 호환되어야 하고 A/S기간이 8개월 이상인 토너는 B, C토너이다.

두 제품의 가격을 계산해보면

B토너 : 35,000 × 8 × 0.9 = 252,000원

C토너 : 40,000 × 8 × 0.8 = 256,000원

따라서 둘 중 더 저렴한 B토너의 가격은 252,000원이다.

35 **다음은 아래 내용을 기초로 근로소득 변동에 따른 가처분소득(可處分所得)의 변화를 나타낸 그래프이다. 이에 대한 설명 중 옳지 <u>않은</u> 것을 고르면?**

A국가는 근로소득이 300달러 미만인 저소득 근로자에게 세금을 부과하지 않고 보조금을 주는 정책을 시행하고 있다. 이 경우 근로소득이 300달러 미만이어서 보조금을 받은 근로자의 가처분소득은 근로소득에 보조금을 더한 금액이 된다. 한편, 근로소득이 300달러를 초과하는 근로자에게 세금을 부과하며, 이 경우 가처분소득은 근로소득에서 세금을 차감한 금액이 된다.

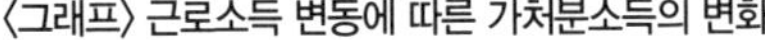

〈그래프〉 근로소득 변동에 따른 가처분소득의 변화

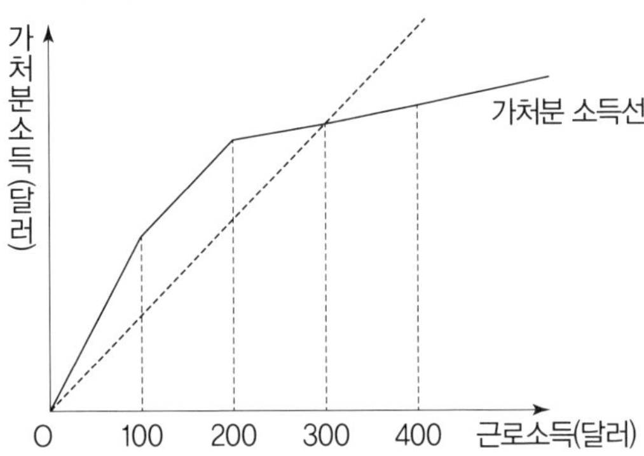

※ 점선은 보조금이나 세금이 없는 경우에 가처분소득이 근로소득과 일치하는 선으로, 기울기는 1임
100달러 이상 200달러 미만 구간에서 가처분소득선의 기울기는 1임

① 1000달러 미만 구간에서는 근로소득 1달러 증가 시 가처분소득의 증가액이 1달러보다 크다.

② 100달러 이상 200달러 미만 구간에서 근로소득과 보조금은 정비례 관계이다.

③ 200달러 이상 300달러 미만 구간에서는 근로소득 증가에 비례하여 보조금은 감소한다.

④ 근로소득이 250달러인 근로자는 근로소득이 150달러인 근로자보다 보조금이 적다.

⑤ 근로소득이 400달러인 근로자는 보조금을 받지 못한다.

정답해설 100달러 이상 200달러 미만 구간의 가처분 소득선의 기울기는 근로소득선의 기울기 1과 같다. 이는 해당 구간에서 보조금이 정액으로 일정하다는 것을 의미한다. 보조금은 가처분소득선과 근로소득선의 거리인데 일정한 거리를 나타내고 있다. 근로소득과 보조금이 정비례 관계에 있다면 근로소득이 증가함에 따라 보조금도 증가해야 한다. 이는 100달러 미만 구간에 해당한다.

오답해설 ① 1000달러 미만 구간에서는 가처분 소득선의 기울기가 근로소득선의 기울기인 1보다 크다. 즉 근로소득이 증가함에 따라 가처분 소득이 더 많이 증가함을 의미한다.

③ 200달러 이상 300달러 미만 구간에서 가처분 소득선의 기울기가 근로소득선의 기울기 1보다 작다.

④ 근로소득이 250달러, 150달러인 경우 각각 가처분 소득선과 근로소득선의 거리를 비교해보면 근로소득이 250달러인 근로자의 보조금이 더 적다.

⑤ 주어진 글을 보면 300달러를 초과하는 근로자에게는 보조금을 부과하지 않고, 세금을 부과하도록 되어 있다.

[36~37] 다음 한국전력공사 사원 번호 부여 방식을 참고하여 물음에 답하시오.

예 충북지사 전력계통부 4직급 한승우
D40－JE06－0100－○○○
(지사 코드)－(부서 코드)－(직급 코드)－(직원 고유 번호)

〈표1〉 지사 코드

지역	코드	지역	코드
서울	A10	충북	D40
경기	B20	전북	E50
인천	C30	부산	F60

〈표2〉 부서 코드

부서	코드	부서	코드
기획부	KE01	신성장기술부	BE04
관리부	GE02	영업본부	OE05
상생협력부	SE03	전력계통부	JE06

〈표3〉 직급 코드

직급	코드	직급	코드
1직급	0010	4직급	0100
2직급	0011	5직급	0111
3직급	0012	6직급	0112

※ 직원 고유 번호 : 입사 후 이름의 '가나다 순'으로 번호 매김

36 한국전력공사 신입사원 A씨는 다음과 같은 사원 번호를 부여받았다. 이에 대한 설명으로 옳은 것을 고르면?

B20－GE02－0112－175

① A사원은 서울지사에서 일한다.

② A사원은 관리부에서 일한다.

③ A사원의 직급은 5급이다.

④ A사원은 '이'씨임을 알 수 있다.

⑤ A사원의 고유 번호를 통해 전체 신입사원의 수를 알 수 있다.

정답해설 A사원의 사원 번호를 살펴보면
B20 : 경기지사에서 일한다.
GE02 : 관리부서에서 일한다.
0112 : 6직급이다.
175 : 입사 후 이름의 '가나다 순'으로 번호를 매겨진 것이다.
따라서 보기 중 옳은 설명은 ②이다.

오답해설 ① A사원은 경기지사에서 일한다.
③ A사원의 직급은 6급이다.
④ A사원은 '이'씨임을 알 수 없다.
⑤ A사원의 고유 번호를 통해 전체 신입사원의 수를 알 수 없다.

37 다음 중 같은 지사 같은 직급에서 일하는 사원들로만 바르게 묶인 것을 고르면?

이름	사원 번호	이름	사원 번호
성주민	A10−SE03−0011−105	김병학	B20−KE01−0010−030
임헌태	C30−JE06−0012−098	김대수	A10−KE01−0111−178
주용춘	C30−BE04−0112−042	윤장철	D40−GE02−0112−056
안기선	F60−BE04−0011−135	오경석	E50−JE06−0100−071
이현철	E50−OE05−0012−244	김기갑	F60−GE02−0111−095
강명석	D40−SE03−0111−032	최태희	D40−OE05−0112−112

① 성주민, 김대수
② 임헌태, 주용춘
③ 안기선, 김기갑
④ 이현철, 오경석
⑤ 윤장철, 최태희

정답해설 같은 지사 같은 직급에서 일하는 사원들을 고르려면 사원 번호에서 첫 번째 코드와 세 번째 코드가 같아야 한다. 따라서 윤장철, 최태희 사원이 충북 지사에서 6직급으로 같이 일하고 있다. 나머지 보기의 사원들은 서로 지사는 같지만 직급이 달라 답이 될 수 없다.

38 다음 제시된 글의 연결 순서로 가장 적절한 것을 고르면?

(가) "인력이 필요해서 노동력을 불렀더니 사람이 왔더라."라는 말이 있다. 인간을 경제적 요소로만 단순하게 생각했으나, 이에 따른 인권문제, 복지문제, 내국인과 이민자와의 갈등 등이 수반된다는 말이다. 프랑스처럼 우선 급하다고 이민자를 선별하지 않고 받으면 인종 갈등과 이민자의 빈곤화 등 많은 사회비용이 발생한다.

(나) 이제 다문화 정책의 패러다임을 전환해야 한다. 한국에 들어온 다문화 가족을 적극적으로 지원해야 한다. 다문화 가족과 더불어 살면서 다양성과 개방성을 바탕으로 상생의 발전을 도모해야 한다. 그리고 결혼 이민자만 다문화 가족으로 볼 것이 아니라 외국인 근로자와 유학생, 북한 이탈 주민까지 큰 틀에서 함께 보는 것도 필요하다.

(다) 다문화 정책의 핵심은 두 가지이다. 첫째, 새로운 사회에 적응하려는 의지가 강해서 언어 배우기, 일자리, 문화 이해에 매우 적극적인 태도를 지닌 좋은 인력을 선별해서 입국하도록 하는 것이다. 둘째, 이민자가 새로운 사회에 잘 정착할 수 있도록 사회통합에 주력해야 하는 것이다. 해외 인구 유입 초기부터 사회비용을 절약할 수 있는 사람들을 들어오게 하는 것이 중요하기 때문이다.

(라) 이미 들어온 이민자에게는 적극적인 지원을 해야 한다. 언어와 문화, 환경이 모두 낯선 이민자에게는 이민 초기에 세심한 배려가 필요하다. 특히 중요한 것은 다문화 가족이 그들이 가지고 있는 강점을 활용하여 취약 계층이 아닌 주류층으로 설 수 있도록 지원해야 한다. 뿐만 아니라 이민자에 대한 지원 시기를 놓치거나 차별과 편견으로 내국인에게 증오감을 갖게 해서는 안 된다.

① (가)-(라)-(나)-(다)
② (가)-(다)-(나)-(라)
③ (나)-(다)-(가)-(라)
④ (다)-(나)-(라)-(가)
⑤ (다)-(가)-(라)-(나)

정답 해설 다문화 정책이 글 전체의 화제이므로 이에 대해 언급한 (다)가 일반적 진술로서 글 전체의 도입부가 된다. 여기서는 다문화 정책의 핵심 내용으로 좋은 인력의 선별 수용과 이민자의 정착을 위한 사회통합을 제시하였다. (다)에서 다문화 정책은 사회비용을 절약하기 위해 중요하다고 하였는데, (가)는 이러한 사회비용을 구체적으로 제시하고, 이민자를 선별 수용하지 않아 많은 사회비용이 발생한 프랑스의 예를 들었다. 따라서 (다) 다음에 (가)가 이어지는 것이 자연스럽다. (라)는 이미 들어온 이민자에 대한 지원의 필요성에 관한 내용인데, 이는 (다)에서 언급한 다문화 정책의 두 번째 내용인 이민자의 정착과 관련된다. 따라서 (가) 다음에 (라)가 이어지는 것이 자연스럽다. 또한 (나)에서 다문화 정책의 패러다임 전환과 관련하여 다문화 가족에 대한 적극적 지원과 다문화 가족과의 상생 발전을 도모할 것을 제시하였다. 이는 글의 결론에 해당한다고 볼 수 있다.
따라서 글의 연결 순서로 (다)–(가)–(라)–(나)가 가장 적절하다.

39 다음 글의 밑줄 친 ㉠과 ㉡이 모방하는 군집 현상의 특성을 가장 적절하게 짝지은 것은?

다양한 생물체의 행동 원리를 관찰하여 모델링한 알고리즘을 생체모방 알고리즘이라 한다. 날아다니는 새 떼, 야생 동물 떼, 물고기 떼, 그리고 박테리아 떼 등과 같은 생물 집단에서 쉽게 관찰할 수 있는 군집 현상에 관한 연구가 최근 활발히 진행되고 있다. 군집 현상은 무질서한 개체들이 외부 작용 없이 스스로 질서화된 상태로 변해가는 현상을 총칭하며, 분리성, 정렬성, 확장성, 결합성의 네 가지 특성을 나타낸다. 첫째, 분리성은 각 개체가 서로 일정한 간격을 유지하여 독립적 공간을 확보하는 특성을 의미하고 둘째, 정렬성은 각 개체가 다수의 개체들이 선택하는 경로를 이용하여 자신의 이동 방향을 결정하는 특성을 의미하며 셋째, 확장성은 개체수가 증가해도 군집의 형태를 유지하는 특성을 의미한다. 마지막으로 결합성은 각 개체가 주변 개체들과 동일한 행동을 하는 특성을 의미한다.

㉠ 알고리즘A는 시력이 없는 개미 집단이 개미집으로부터 멀리 떨어져 있는 먹이를 가장 빠른 경로를 통해 운반하는 행위로부터 영감을 얻어 개발된 알고리즘이다. 개미가 먹이를 발견하면 길에 남아 있는 페로몬을 따라 개미집으로 먹이를 운반하게 된다. 이러한 방식으로 개미 떼가 여러 경로를 통해 먹이를 운반하다 보면 개미집과 먹이와의 거리가 가장 짧은 경로에 많은 페로몬이 쌓이게 된다. 개미는 페로몬이 많은 쪽의 경로를 선택하여 이동하는 특징이 있어 일정 시간이 지나면 개미 떼는 가장 짧은 경로를 통해서 먹이를 운반하게 된다. 이 알고리즘은 통신망 설계, 이동체 경로 탐색, 임무 할당 등의 다양한 최적화 문제에 적용되어 왔다.

㉡ 알고리즘B는 반딧불이들이 반짝거릴 때 초기에는 각자의 고유한 진동수에 따라 반짝거리다가 점차 시간이 지날수록 상대방의 반짝거림에 맞춰 결국엔 한 마리의 거대한 반딧불이처럼 반짝거리는 것을 지속하는 현상에서 영감을 얻어 개발된 알고리즘이다. 개체들이 초기 상태에서는 각자 고유의 진동수에 따라 진동하지만, 점차 상호 작용을 통해 그

고유 진동수에 변화가 생기고 결국에는 진동수가 같아지는 특성을 반영한 것이다. 이 알고리즘은 집단 동기화 현상을 효과적으로 모델링하는 데 적용되어 왔다.

	㉠	㉡
①	정렬성	결합성
②	확장성	정렬성
③	분리성	결합성
④	결합성	분리성
⑤	정렬성	확장성

첫째 단락에서 군집 현상이 나타내는 특성을 차례로 설명하고 있다. 이를 토대로 ㉠과 ㉡이 모방하는 군집 현상의 특성을 살펴보면 다음과 같다.

㉠ 둘째 단락의 '개미 떼가 여러 경로를 통해 먹이를 운반하다 보면 개미집과 먹이와의 거리가 가장 짧은 경로에 많은 페로몬이 쌓이게 된다. 개미는 페로몬이 많은 쪽의 경로를 선택하여 이동하는 특징이 있어 일정 시간이 지나면 개미 떼는 가장 짧은 경로를 통해서 먹이를 운반하게 된다'는 부분에서, ㉠이 모방하는 것은 '각 개체가 다수의 개체들이 선택하는 경로를 이용하여 자신의 이동 방향을 결정하는 특성'임을 알 수 있다. 따라서 ㉠은 정렬성이 된다.

㉡ 셋째 단락의 '점차 시간이 지날수록 상대방의 반짝거림에 맞춰 결국엔 한 마리의 거대한 반딧불이처럼 반짝거리는 것을 지속하는 현상'과 '점차 상호 작용을 통해 그 고유 진동수에 변화가 생기고 결국에는 진동수가 같아지는 특성'을 통해, ㉡은 군집 현상의 특성 중 '각 개체가 주변 개체들과 동일한 행동을 하는 특성'을 모방한 것임을 알 수 있다. 따라서 ㉡은 결합성이 된다.

정답 39 ①

40 다음 제시된 글의 내용과 부합하지 않는 것을 고르면?

세계화는 인적 유동성의 증가, 커뮤니케이션의 향상, 무역과 자본 이동의 폭증 및 기술 개발의 결과이다. 세계화는 세계 경제의 지속적인 성장 특히 개발도상국의 경제 발전에 새로운 기회를 열어주었다. 동시에 그것은 급격한 변화의 과정에서 개발도상국의 빈곤, 실업 및 사회적 분열, 환경 파괴 등의 문제를 야기하였다.

정치적인 면에서 세계화는 탈냉전 이후 군비 축소를 통해 국제적 · 지역적 협력을 도모하는 새로운 기회들을 제공하기도 하였다. 그러나 국제사회에서는 민족, 종교, 언어로 나뉜 분리주의가 팽배하여 민족 분규와 인종 청소 같은 사태들이 끊이지 않고 있다.

또한 세계화 과정에서 사람들은 정보 혁명을 통해 더 많은 정보를 갖고 여러 분야에서 직접 활동할 수 있게 되었다. 예를 들어 시민들은 인터넷이라는 매체를 통해 정부나 지방자치단체의 정책 결정 과정에 참여하게 되었다. 그러나 정보 혁명의 혜택에서 배제된 사람들은 더욱 심각한 정보 빈곤 상태에 빠져 더 큰 소외감을 갖게 되었다.

한편 세계화는 사상과 문화도 이동시킨다. 세계화로 인해 제2세계의 오랜 토착 문화와 전통이 손상되고 있음은 익히 알려진 사실이다. 그러나 이런 부정적인 측면만 있는 것은 아니다. 세계화는 기업 회계의 규범에서부터 경영 방식, 그리고 NGO들의 활동에 이르기까지 자신이 지나간 자리에 새로운 사상과 관습을 심고 있다.

이에 따라 대부분의 사회에서 자신들이 이러한 세계화의 수혜자가 될 것인가 아니면 피해자가 될 것인가 하는 문제가 주요 쟁점이 되고 있다. 세계화가 자신들의 사회에 아무런 기여도 하지 않은 채 그저 전통 문화만을 파괴해버리는 태풍이 될 것인지 혹은 불합리한 전통과 사회 집단을 와해시키는 외부적 자극제로 작용하여 근대화를 향한 단초를 제공해 줄 것인지에 대한 논의가 한창 진행 중이다.

① 세계화는 민주주의의 질적 향상을 통해 국가의 의미를 강화하였다.

② 세계화는 개방도상국의 근대화를 촉진할 수도 있지만 전통 문화를 훼손할 수도 있다.

③ 세계화는 정보의 빈익빈 부익부를 조장하여 정보 빈곤 상태에 빠진 사람들을 소외시켰다.

④ 세계화는 협력을 이끄는 힘이 되지만 다른 한편으로는 분열을 조장하는 위협이 되기도 한다.

⑤ 세계화는 세계 경제가 발전할 수 있는 기회를 주기도 했지만 경제 불안과 환경 파괴 같은 문제도 낳았다.

① 제시문의 내용에서 확인할 수 없는 내용이다.

오답 해설 ② 제시문은 세계화가 긍정의 방향 또는 부정의 방향으로도 귀착될 수도 있다는 점을 전제로 하여 현재 진행되고 있는 세계화의 양면적인 모습을 여러 측면에서 진단하고 있다. 따라서 세계화의 가능성을 밝히고 있는 다섯째 문단과 사상과 문화적 측면에서의 세계화의 양면성을 논하고 있는 넷째 문단을 통해 확인할 수 있다.

③ 셋째 문단의 요지에 해당한다.

④ 정치적인 측면에서 세계화의 양면성을 논하고 있는 둘째 문단의 요지에 해당한다.

⑤ 경제적인 측면에서 세계화의 양면성을 진단하고 있는 첫째 문단의 요지에 해당한다.

정답 40 ①

41 다음 제시된 인사 예절 매뉴얼을 보고 적절하지 않은 반응을 고르면?

〈인사 예절 매뉴얼〉

- 기본 예절
  - 인사는 내가 먼저 해야 한다.
  - 일어서서 인사해야 한다.
  - 상대방이 보지 못했거나, 인사를 받지 않는 경우에도 인사해야 한다.
- 상황에 따른 인사 각도
  - 10°～15° : 간단한 인사로 사내에서 마주치거나, 용건이 있을 때 하는 인사에 적합하다.
  - 25°～30° : 가장 보편적인 인사로 외부에서 마주치거나 손님이 오셨을 때 하는 인사에 적합하다.
  - 40°～45° : 정중한 인사로 감사나 사과 등을 표할 때 하는 인사에 적합하다.
- 인사 방법
  - 인사말을 간단히 먼저 말한 후에 인사해야 한다.
  - 허리를 굽힐 때에는 빨리, 펼 때에는 서서히 펴는 것이 좋다.
  - 미소를 띤 표정으로 인사해야 한다.

① A사원 : 일이 바빠서 손님을 보고 눈인사를 하고 지나쳤어.

② B사원 : 아침에 과장님께 인사했지만 날 못보고 지나치셨어.

③ C사원 : 휴게실에서 앉아 있다가 대리님을 발견하고 일어서서 인사했어.

④ D사원 : 회의실에서 실수를 하는 바람에 팀장님께 45°의 각도로 사과 인사를 드렸어.

⑤ E사원 : 거래처 직원과 마주쳐서 인사말을 먼저 말한 후에 인사했어.

정답해설 일이 바빠도 손님을 봤을 때는 25°～30°의 각도로 인사를 해야 한다.

오답해설 ② 상대방이 보지 못한 경우에도 인사해야 한다.
③ 일어서서 인사해야 한다.
④ 정중한 사과를 표할 때 40°～45°의 각도로 인사를 해야 한다.
⑤ 인사말을 간단히 먼저 말한 후에 인사해야 한다.

42 한국전력공사는 다음 제시된 조건을 참고하여 회의 일정을 잡고자 한다. 다음 중 기획본부 2차 회의 일정으로 옳은 것을 고르면?

한국전력공사의 기획본부, 관리본부, 상생협력본부, 신성장기술본부는 2018년 상반기 사업을 대비해 각 부서마다 회의를 진행하고자 한다. 회의는 3월 6일(화)~3월 9일(금)까지 각 부서마다 두 번씩 이루어질 예정이며, 오전 10시, 오후 2시, 오후 4시 중 시간대를 선택하여 일정을 정해야 한다.

〈조건〉

- 하루에 최대 두 부서만 회의를 진행할 수 있다.
- 각 시간대마다 한 부서만 회의를 진행할 수 있다.
- 모든 부서는 1차 회의 후 다음날 2차 회의를 진행하며, 둘의 시간대는 겹치지 않는다.
- 화요일, 수요일, 목요일 오전은 행사로 인해 회의실 이용이 불가능하다.
- 기획본부와 신성장기술본부의 1차 회의는 같은 날 진행하며, 신성장기술본부 회의가 먼저 시작한다.
- 관리본부와 상생협력본부의 2차 회의는 같은 날 진행하며, 상생협력본부 회의가 먼저 시작한다.
- 관리본부는 화요일, 수요일에 회의를 진행하지 않고, 기획본부는 목요일, 금요일에 회의를 진행하지 않는다.
- 금요일 오후 2시에 관리본부 2차 회의를 진행한다.

① 화요일, 오후 2시　　② 수요일, 오후 2시
③ 수요일, 오후 4시　　④ 목요일, 오후 2시
⑤ 목요일, 오후 4시

정답해설 주어진 조건을 통해 관리본부와 상생협력본부는 목요일, 금요일에 진행한다고 했으므로 두 부서 모두 목요일에 1차 회의, 금요일에 2차 회의를 하게 되며, 이때 2차 회의는 상생협력본부가 먼저 시작한다. 또한 금요일 오후 2시에 관리본부 2차 회의를 진행한다고 했으므로, 상생협력본부는 오전 10시에 2차 회의가 있다는 것을 알 수 있다.
목요일 오전에는 회의가 없으므로 관리본부 1차 회의는 목요일 오후 4시가 가장 적절하다(관리본부 2

차 회의가 금요일 오후 2시에 진행하므로 목요일 오후 2시는 제외). 이로 인해 상생협력본부 1차 회의는 목요일 오후 2시에 진행한다.

또한 기획본부와 신성장기술본부는 화요일, 수요일에 진행한다고 했으므로 두 부서 모두 화요일에 1차 회의, 수요일에 2차 회의를 하게 되며, 이때 1차 회의는 신성장기술본부가 먼저 시작한다.

화요일 오전에는 회의가 없으므로 신성장기술본부 1차 회의는 오후 2시이고, 기획본부 1차 회의는 오후 4시가 가장 적절하다. 또한 수요일에 신성장기술본부 2차 회의는 오후 4시, 기획본부 2차 회의는 오후 2시가 가장 적절하다.

제시된 조건을 모두 반영했을 때 1 · 2차 회의 일정은 다음과 같다.

구분	화요일	수요일	목요일	금요일
오전 10시				상생협력본부 2차
오후 2시	신성장기술본부 1차	기획본부 2차	상생협력본부 1차	관리본부 2차
오후 4시	기획본부 1차	신성장기술본부 2차	관리본부 1차	

따라서 기획본부 2차 회의는 수요일 오후 2시에 진행한다.

43 다음 제시된 명함 예절 매뉴얼을 보고 옳지 않은 반응을 고르면?

〈명함 예절 매뉴얼〉

- 받을 때
  - 부득이한 경우가 아니면 동시 교환은 예절에 어긋나므로 하지 않아야 한다.
  - 상대방이 보는 앞에서 명함을 훼손하는 행위는 하지 않아야 한다.
  - 명함의 아래쪽을 두 손으로 잡아서 받아야 한다.
  - 이름이 한자로 되어 있을 시, 물어보는 것은 예절에 어긋나지 않는다.
- 줄 때
  - 상대방의 명함을 받을 경우, 받은 후에 즉시 나의 명함을 주어야 한다.
  - 거래처 직원이 방문한 경우 거래처 직원이 먼저 명함을 주어야 한다.
  - 직원이 고객에게 먼저 주어야 한다.
  - 아랫사람이 윗사람에게 먼저 주어야 한다.
  - 상대방이 바로 읽을 수 있는 방향으로 돌려서 명함을 주어야 한다.

① 명함을 주고받을 때 동갑이어도 동시 교환은 예절에 어긋난다.

② 거래처 직원이 방문한 경우 거래처 직원의 명함 받고 나의 명함도 주어야 한다.

③ 이름이 한자로 되어 있는 명함일 때 모르는 한자가 있어도 물어보지 않는 것이 예절이다.

④ 고객과의 만남이 있을 경우 나의 명함을 먼저 주어야 한다.

⑤ 상대방이 받을 위치에서 바로 읽을 수 있도록 돌려서 명함을 주어야 한다.

정답 해설 이름이 한자로 되어 있는 명함을 받을 경우, 이름을 잘못 부르는 것은 예의에 벗어나므로 모르는 한자가 있으면 물어보는 것이 예절이다.

정답 43 ③

44 세 사람이 자신의 명함을 한 장씩 꺼내어 서로 구별이 되지 않도록 테이블에 뒤집어 놓았다. 세 사람이 임의로 한 장씩 명함을 가질 때, 적어도 한 사람 이상이 자신의 명함을 가질 확률을 고르면?

① $\frac{2}{7}$　　② $\frac{1}{3}$

③ $\frac{2}{5}$　　④ $\frac{1}{2}$

⑤ $\frac{2}{3}$

세 사람이 명함을 한 장씩 갖는 경우의 수는 $3!=6$

한 사람도 자신의 명함을 갖지 못하는 경우를 구해보면

한 사람이 자신의 명함 이외의 명함을 가지면 나머지 두 사람이 가져야 할 명함이 자동으로 정해진다.

즉 경우의 수는 2가지이다.

따라서 한 사람도 자신의 명함을 갖지 못할 확률은 $\frac{2}{6}=\frac{1}{3}$

구하는 확률은 여사건의 확률에 의해 $1-\frac{1}{3}=\frac{2}{3}$

45 다음 중 주어진 단어 관계와 같은 것을 고르면?

영겁 : 찰나

① 고의 : 과실
② 공헌 : 기여
③ 짐짓 : 일부러
④ 효용 : 효능
⑤ 틀 : 얼개

1DAY 2DAY 3DAY

정답 해설 주어진 단어의 뜻을 살펴보면

영겁(永劫) : 영원한 세월

찰나(刹那) : 매우 짧은 시간

두 단어는 반의어관계이므로 보기에서 이와 같은 관계는 ①이다.

고의(故意) : 일부러 하는 생각이나 태도

과실(過失) : 부주의나 태만 따위에서 비롯된 잘못이나 허물

오답 해설 ② **공헌(貢獻)** : 힘을 써 이바지함

기여(寄與) : 도움이 되도록 이바지함

③ **짐짓** : 마음으로는 그렇지 않으나 일부러 그렇게 하는 것

일부러 : 알면서도 마음을 숨기는 것

④ **효용(效用)** : 보람 있게 쓰거나 쓰임

효능(效能) : 효험을 나타내는 능력

⑤ **틀** : 골이나 판처럼 물건을 만드는 데 본이 되는 물건

얼개 : 어떤 사물이나 조직의 전체를 이루는 짜임새나 구조

[46~47] A회사는 1년에 15개의 연차를 제공하고, 매달 최대 3개의 연차를 사용할 수 있다. 다음 표를 보고 물음에 답하시오.

〈표〉 2018년 상반기(1월~6월) A~E 사원의 연차 사용 현황

구분	1월	2월	3월	4월	5월	6월
1주차	• 2일~3일 : A사원		• 2일 : C사원			• 1일 : D사원
2주차	• 10일~12일 : C사원	• 5일 : D사원 • 8일~9일 : E사원	• 8일~9일 : A사원	• 13일 : E사원	• 8일 : D사원	
3주차	• 15일 : D사원				• 17일 : B사원	• 11일~12일 : C사원 • 14일 : E사원
4주차			• 23일 : D사원	• 23~24일 : C사원		
5주차	• 29일~31일 : B사원	• 26일 : A사원, B사원			• 29일 : A사원	

46 다음 중 2018년 상반기(1월~6월)에 연차를 가장 적게 사용한 사원을 고르면?

① A사원 ② B사원
③ C사원 ④ D사원
⑤ E사원

A사원은 1월 2개, 2월 1개, 3월 2개, 5월 1개로 총 6개
B사원은 1월 3개, 2월 1개, 5월 1개로 총 5개
C사원은 1월 3개, 3월 1개, 4월 2개, 6월 2개로 총 8개
D사원은 1월에 1개, 2월에 1개, 3월에 1개, 5월에 1개, 6월에 1개로 총 5개

E사원은 2월에 2개, 4월에 1개, 6월에 1개로 총 4개
따라서 2018년 상반기(1월~6월)에 연차를 가장 적게 사용한 사원은 E사원이다.

47 **A회사는 2018년 하반기에 9월부터 11월까지 행사 진행을 위해 연차를 포함한 휴가를 전면 금지할 예정이다. 이런 상황에서 휴가에 관한 손해를 보지 <u>않은</u> 사원을 고르면?**

① A사원, C사원
② A사원, E사원
③ B사원, C사원
④ B사원, D사원
⑤ D사원, E사원

정답해설 A회사에서는 연차를 한 달에 3개로 제한하고 있으므로, 9월~11월에 휴가를 쓸 수 없다면 앞으로 7월에 3개, 8월에 3개, 12월에 3개로 총 9개의 연차를 쓸 수 있다. 이때 손해를 보지 않으려면 이미 6개 이상의 연차를 썼어야 한다. 따라서 이에 해당하는 사원은 A사원과 C사원이다.

48 한국전력공사 영업팀 박 과장은 1박 2일로 출장을 다녀왔다. 박 과장은 출장 기간에 지출한 목록을 다음과 같이 표로 정리하여 영수증과 함께 총무팀 교통비 정산 담당 강 대리에게 제출하였다. 다음 중 강 대리가 계산한 출장비용을 고르면?

〈표〉 박 과장 2박 3일 출장비용 지출 내역

날짜	결제 시간	지출 내역	금액
5월 14일	10:30	KTX 표	51,200
	11:20	편의점	8,700
	13:40	점심 식대	9,000
	14:10	버스비	1,100
	17:45	저녁 식대	8,500
	20:20	버스비	1,200
	21:25	숙박비	70,000
5월 15일	09:05	아침 식대	7,000
	10:55	버스비	1,250
	13:10	점심 식대	8,000
	17:20	택시비	5,800
	17:35	KTX 표 결제	51,200
	18:15	편의점	2,100

① 111,750원
② 129,750원
③ 140,200원
④ 167,050원
⑤ 188,250원

지출 내역 중 교통비 부분만 확인해보면 된다.
5월 14일 : 51,200(KTX 표)+1,100(버스비)+1,200(버스비)=53,500
5월 15일 : 1,250(버스비)+5,800(택시비)+51,200(KTX 표)=58,250
따라서 강 대리가 계산한 출장비용은 53,500+58,250=111,750(원)이다.

[49~50] 한국전력공사 임 차장은 회사에서 출발하여 차를 타고 A~E를 거쳐 다시 회사로 돌아오려고 한다. 다음은 각 지점당 연결망 지도를 나타낸 자료이다. 주어진 자료를 보고 물음에 답하시오. (단, A~E를 모두 거쳐야 하고, 같은 곳은 한 번만 지날 수 있다.)

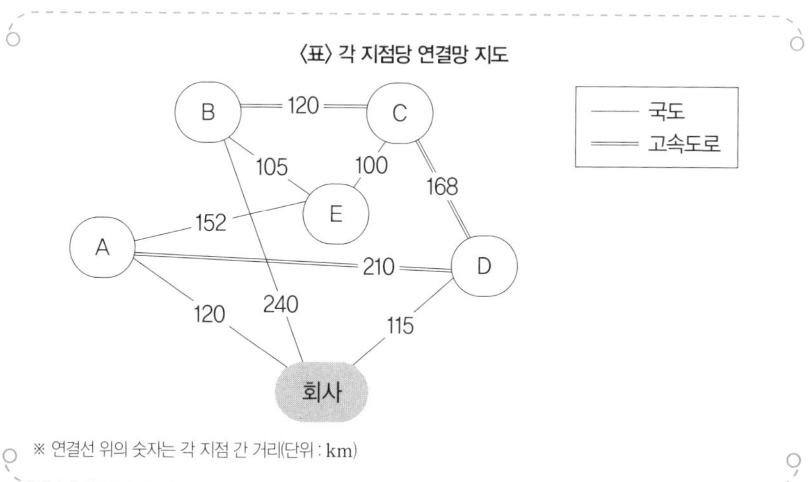

49 임 차장이 최단 거리로 출장을 간다고 할 때, 이동할 거리를 고르면?

① 781km
② 780km
③ 779km
④ 778km
⑤ 777km

정답 해설 A~E까지 모든 지점을 한 번만 지나는 경로는 다음 세 가지이다.

(i) 회사–A–E–B–C–D–회사
(회사–D–C–B–E–A–회사)
120+152+105+120+168+115=780km

(ii) 회사–A–D–C–E–B–회사
(회사–B–E–C–D–A–회사)
120+210+168+100+105+240=943km

정답 48 ① | 49 ②

(iii) 회사－D－A－E－C－B－회사
(회사－B－C－E－A－D－회사)
115＋210＋152＋100＋120＋240＝937km
따라서 임 차장이 최단 거리로 간다면 780km를 이동할 것이다.

50 임 차장이 최단 거리로 출장을 갔을 때, 주유비를 고르면? (단, 출장을 가는 데 필요한 만큼만 주유하고, 0.1L 단위도 가능하다.)

〈표〉 도로별 연비

(단위 : km/L)

고속도로	20
국도	12

※ 연비는 휘발유 1L당 자동차가 달릴 수 있는 거리를 나타낸다.
휘발유의 가격은 1,800원/L이다.

① 94,190원
② 95,300원
③ 96,510원
④ 98,020원
⑤ 99,720원

정답해설 앞에서 구한 최단거리는 '회사－A－E－B－C－D－회사'이고, 고속도로와 국도를 나눠 계산해보면
(i) 국도인 경우
회사－A, A－E, E－B, D－회사
120＋152＋105＋115＝492(km)
연비가 12km/L이므로 주유해야 하는 양은 492÷12＝41L
(ii) 고속도로인 경우
B－C, C－D
120＋168＝288(km)
연비가 20km/L이므로 주유해야 하는 양은 288÷20＝14.4L
따라서 최단 거리로 이동한 경우 총 41＋14.4＝55.4(L)의 기름이 필요하고, 1L에 1,800원이므로 주유비는 55.4×1,800＝99,720원이다.

정답 50 ⑤

부록

01 공공기관

1 공공 기관이란?

정부의 출연 · 출자 또는 정부의 재정지원 등으로 설립 · 운영되는 기관으로서 공공기관의 운영에 관한 법률 제4조 1항 각 호의 요건에 해당하여 기획부장관이 지정한 기관

2 공공기관의 유형

① 공기업

㉠ 지원 정원이 50인 이상이고, 자체수입이 총수입액의 2분의 1 이상인 공공기관 중에서 기획재정 장관이 지정한 기관

㉡ 국가 또는 지방자치단체가 소유와 경영의 주체가 되어 재화나 용역을 공급하는 기업

- **시장형 공기업** : 자산규모가 2조 원 이상이고, 총 수입액 중 자체수입이 85% 이상인 공기업으로 한국석유공사, 한국가스공사 등의 기관이다.
- **준시장형 공기업** : 시장형 공기업이 아닌 공기업으로 한국관광공사, 한국방송광고공사 등의 기관이다.

② 준정부기관

직원 정원이 50인 이상이고, 공기업이 아닌 공공기관 중에서 기획재정부장관이 지정한 기관

- **기금관리형 준정부기관** : 국가재정법에 따라 기금을 관리하거나, 기금의 관리를 위탁받은 준정부기관으로써 서울올림픽기념국민체육진흥공단,

한국문화예술위원회 등의 기관이다.

- **위탁집행형 준정부기관** : 기금관리형 준정부기관이 아닌 준정부기관으로써 한국교육학술정보원, 한국과학창의재단 등의 기관이다.

③ **기타 공공기관**

공기업, 준정부기관이 아닌 공공기관으로 176개 기관이다.

유형 구분		공통 요건	지정 요건(원칙)
공기업	시장형	자체 수입비율 ≥ 50% 직원 정원 ≥ 50인	자체 수입비율 ≥ 85%인 기관 (& 자산 2조 원 이상)
	준시장형	자체 수입비율 ≥ 50% 직원 정원 ≥ 50인	자체 수입비율 50~85%
준정부기관	기금관리형	자체 수입비율 〈 50% 직원 정원 〈 50인	중앙정부 기금을 관리하는 기관
	위탁집행형	자체 수입비율 〈 50% 직원 정원 〈 50인	기금관리형이 아닌 준정부기관
기타 공공기관		공기업 · 준정부기관을 제외한 공공기관	

3 〉 공기업(공사 · 공단) 분류

① **공사**

공공성과 기업을 조화시킨 독립된 특수법인

- **정부투자기관(50% 이상)** : 조폐공사, 한국전력공사, 도로공사, 중소기업은행 등
- **정부출자기관(50% 미만)** : 가스공사, 감정원, 한국전력기술 공사 등

② **공단**

경제 또는 국가적 사회정책사업을 수행하기 위한 특수법인으로 한국산업인력공단, 교통안전공단, 국민연금공단 등이 있다.

4 〉 우리나라 공기업

시장형 공기업 (14)	• 지경부 – 한국가스공사, 한국석유공사, 한국전력공사, 한국지역난방공사, 한국중부발전(주), 한국수력원자력(주), 한국서부발전(주), 한국동서발전(주), 한국남부발전(주), 한국남동발전(주) • 국토부 – 인천국제공항공사, 한국공항공사, 부산항만공사, 인천항만공사
준시장형 공기업 (16)	• 재정부 – 한국조폐공사 • 문화부 – 한국관광공사 • 농식품부 – 한국마사회 • 지경부 – 한국광물자원공사, 대한석탄공사 • 국토부 – 대한주택보증주식회사, 제주국제자유도시개발센터, 한국감정원, 한국도로공사, 한국수자원공사, 한국토지주택공사, 한국철도공사, 여수광양항만공사, 울산항만공사, 해양환경관리공단 • 방통위 – 한국방송광고진흥공사
기금관리형 준정부기관 (17)	• 교과부 – 사립학교교직원연금공단(행안부) 공무원연금공단 • 문화부 – 영화진흥위원회, 서울올림픽기념국민체육진흥공단, 한국문화예술위원회, 한국언론진흥재단 • 지경부 – 한국무역보험공사, 한국방사성폐기물관리공단 • 복지부 – 국민연금공단 • 고용부 – 근로복지공단 • 금융위 – 한국자산관리공사, 기술신용보증기금, 신용보증기금,예금보험공사, 한국주택금융공사 • 방통위 – 한국방송통신전파진흥원 • 중기청 – 중소기업진흥공단
위탁집행형 준정부기관 (70)	• 교과부 – 한국교육학술정보원, 한국과학창의재단, 한국연구재단, 한국장학재단 • 행안부 – 한국승강기안전관리원, 한국정보화진흥원 • 문화부 – 국제방송교류재단, 한국콘텐츠진흥원 • 농식품부 – 한국농수산식품유통공사, 축산물품질평가원, 한국농어촌공사, 한국수산자원관리공단, 축산물위해요소중점관리기준원, 농림수산식품기술기획평가원, 농림수산식품교육문화정보원 • 복지부 – 건강보험심사평가원, 국민건강보험공단, 한국보건산업진흥원,한국노인인력개발원, 한국보건복지정보개발원, 한국보건복지인력개발원 • 환경부 – 국립공원관리공단, 한국환경공단, 한국환경산업기술원

위탁집행형 준정부기관 (70)	• 고용부 – 한국고용정보원, 한국산업안전보건공단, 한국산업인력공단, 한국장애인고용공단, 한국승강기안전기술원 • 여가부 – 한국청소년상담복지개발원, 한국청소년활동진흥원 • 국토부 – 교통안전공단, 한국건설교통기술평가원, 한국시설안전공단, 한국철도시설공단, 대한지적공사, 선박안전기술공단, 한국해양수산연수원
위탁집행형 준정부기관 (70)	• 공정위 – 한국소비자원 • 금융위 – 한국예탁결제원, 한국거래소 • 방통위 – 한국인터넷진흥원 • 안전위 – 한국원자력안전기술원 • 보훈처 – 독립기념관, 한국보훈복지의료공단 • 산림청 – 한국임업진흥원 • 경찰청 – 도로교통공단 • 방재청 – 한국소방산업기술원 • 농진청 – 농업기술실용화재단 • 중기청 – 중소기업기술정보진흥원, 소상공인진흥원 • 기상청 – 한국기상산업진흥원
기타 공공기관 (178)	• 총리실 – 경제인문사회연구회, 과학기술정책연구원, 국토연구원, 대외경제정책연구원, 산업연구원, 에너지경제연구원, 정보통신정책연구원, 통일연구원, 한국개발연구원, 한국교육개발원, 한국교육과정평가원, 한국교통연구원, 한국노동연구원, 한국농촌경제연구원, 한국법제연구원, 한국보건사회연구원, 한국여성정책연구원, 한국조세연구원, 한국직업능력개발원, 한국청소년정책연구원, 한국해양수산개발원, 한국행정연구원, 한국형사정책연구원, 한국환경정책평가연구원 • 재정부 – 한국수출입은행, 한국투자공사 • 교과부 – 강릉원주대학교치과병원, 강원대학교병원, 경북대학교병원, 경상대학교병원, 동북아역사재단, 한국고전번역원, 부산대학교병원, 서울대학교병원, 서울대학교치과병원, 전남대학교병원, 전북대학교병원, 제주대학교병원, 충남대학교병원, 충북대학교병원, 한국사학진흥재단, 한국학중앙연구원, 광주과학기술원, 기초기술연구회, 대구경북과학기술원, 한국과학기술원, 한국과학기술정보연구원, 한국기초과학지원연구원, 한국생명공학연구원, 한국천문연구원, 한국표준과학연구원, 한국한의학연구원, 한국항공우주연구원, 한국과학기술연구원, 한국원자력연구원, 한국원자력의학원, 국가평생교육진흥원, 부산대학교치과병원, 기초과학연구원 • 외교부 – 한국국제협력단, 한국국제교류재단, 재외동포재단 • 통일부 – 북한이탈주민지원재단, 남북교류협력지원협회

기타 공공기관 (178)	• 법무부 – 대한법률구조공단, 정부법무공단, 한국법무보호복지공단 • 국방부 – 전쟁기념사업회, 한국국방연구원 • 행안부 – 민주화운동기념사업회 • 문화부 – 한국문화예술회관연합회, 국립박물관문화재단, 국민생활체육회, 그랜드코리아레저(주), 대한장애인체육회, 영상물등급위원회, 예술의전당, (재)명동 · 정동극장, 한국출판문화산업진흥원, 한국문학번역원, 대한체육회, 한국문화관광연구원, 한국문화예술교육진흥원, 한국문화진흥주식회사, 한국영상자료원, 한국체육산업개발(주), (재)체육인재육성재단, 게임물등급위원회, 재단법인 국악방송, 태권도진흥재단, 한국저작권위원회, 한국공예디자인문화진흥원, (재)한국공연예술센터, (재)예술경영지원센터, 세종학당재단, (재)한국문화정보센터 • 농식품부 – 가축위생방역지원본부, 한국어촌어항협회, 국제식물검역인증원, 농업정책자금관리단 • 복지부 – 국립암센터, 대한적십자사, 한국보건의료인국가시험원, 한국장애인개발원, 한국국제보건의료재단, 한국사회복지협의회, 국립중앙의료원, 한국보육진흥원, 한국건강증진재단, 한국의료분쟁조정중재원, 한국보건의료연구원 • 환경부 – 수도권매립지관리공사 • 고용부 – 학교법인한국폴리텍, 노사발전재단, 한국기술교육대학교, 한국사회적기업진흥원, 한국잡월드, 건설근로자공제회 • 여가부 – 한국양성평등교육진흥원 • 국토부 – 코레일네트웍스(주), 코레일로지스(주), 코레일유통(주), 코레일테크(주), 코레일관광개발(주), (주)한국건설관리공사, 주택관리공단(주), 주식회사 인천항보안공사, 주식회사 부산항보안공사, 한국해양과학기술진흥원, 항로표지기술협회, 한국해양과학기술원 • 금융위 – 코스콤, 한국정책금융공사 • 국과위 – 한국과학기술기획평가원 • 안전위 – 한국원자력통제기술원 • 보훈처 – 88관광개발(주) • 방사청 – 국방과학연구소, 국방기술품질원 • 문화재청 – 한국문화재보호재단 • 산림청 – 녹색사업단 • 중기청 – 시장경영진흥원, 신용보증재단중앙회, 중소기업유통센터, 한국벤처투자, 창업진흥원
기타 공공기관 (178)	• 특허청 – 한국발명진흥회, 한국특허정보원, (재)한국지식재산연구원, 한국지식재산보호협회 • 식약청 – 한국희귀의약품센터, 한국의약품안전관리원

02 인성검사

인성검사는 원만한 인간관계, 조직에의 적응, 정신질환의 유무, 정서적 안정의 정도를 파악하기 위해, 개인이 갖는 다양한 심리적 특성인 성격과 품성을 검사합니다.

1 인성검사의 목적

그동안 우리나라의 인사선발제도는 인간성 자체가 아닌 학력 · 성적 · 경력에 치중하여 시행되어 왔다. 이로 인해 선발된 직원 중 일부는 직무수행 중 정서불안과 직업 부적응 등으로 갖가지 사고 및 사건의 원인이 되기도 하였다. 인성검사는 신입사원 선발 시 1차 전형 합격자에 한해 이를 시행하여 결함자를 제외하고 적정 인재를 적재적소에 배치하는 데 그 목적이 있다고 하겠다.

2 인성검사의 유형

① **선택형** : 주어진 질문을 읽고 자신의 생각이나 성격의 알맞은 정도를 보기에서 선택하는 유형이다.

예 다음 질문을 잘 읽고 자신의 생각과 일치하거나 자신을 잘 나타내는 것을 Ⓐ ~ Ⓔ중에 고르시오.

한번 실패해도 포기하지 않고 계속 시도하는 편이다.

그렇다	약간 그렇다	그저 그렇다	별로 그렇지 않다	그렇지 않다
Ⓐ	Ⓑ	Ⓒ	Ⓓ	Ⓔ

② **비교형** : 주어진 문장을 읽고 자신의 생각이나 성격을 잘 표현한 문구를 양자택일 유형이다.

예 다음 질문을 잘 읽고 자신의 생각과 일치하거나 자신을 잘 나타내는 것을 A 또는 B중에 골라 ○표 하시오.

A : 여러 사람과 조직적으로 행동하는 것을 좋아한다. ( )

B : 혼자서 자유롭게 행동하는 것을 좋아한다. ( )

3 MMPI와 MBTI

(1) MMPI 검사의 특징

세계적으로 시행되고 있는 다면적 성격검사의 하나로, 1차적으로는 정신질환이나 심리적 장애를 진단하며, 2차적으로는 수거자의 성격이나 방어기제를 평가한다. 4개의 타당도와 10개의 임상척도를 합쳐 총 14개의 척도로 구성되어 있다.

(2) MMPI 검사의 구성

① **타당성 척도** : 피검자의 왜곡된 검사태도를 탐지하고, 임상 척도의 해석을 풍부하게 해주는 보충 정보를 제공한다.

타당도 유형	측정내용
?(알 수 없다) 척도	• 무응답, 혹은 '예'와 '아니오' 모두에 대답한 개수를 확인한다. • 30개 이상이면 전체 검사자료는 타당하지 않다. • 실제로 답을 할 수 없는지 혹은 고의적인지 확인한다.
L(Lie) 척도	• 자신을 좋게 보이려는 다소 고의적이고 세련되지 못한 시도를 확인한다. • 높은 점수는 방어적 태도를 시사한다. • 너무 낮은 점수는 지나치게 솔직한 태도를 의미한다.
F(Infrequency) 척도	• 심리적 고통과 부적응의 정도를 나타내는 척도이다. • 높은 점수는 과장된 증상의 표현과 실질적인 장애를 의미한다. • 낮은 점수는 적응도가 높고 스트레스가 없음을 나타낸다.

K(Defensiveness) 척도	• 개인적 정보를 노출하지 않으려는 저항적 태도를 반영하는 척도이다. • L 척도보다는 은밀하고 세련된 방어를 나타낸다. • 높은 점수는 강한 정서적 독립성, 친밀감의 문제를 시사한다. • 낮은 점수는 솔직성, 의존성, 자신감의 부족을 시사한다.

② **임상척도** : 피검자의 비정상 행동의 종류를 측정하고, 성격진단을 통해 그 유형을 해결한다.

4 MBTI(Myers–Briggs Type Indicator)

(1) MBTI 검사의 특징

융의 심리유형론을 근거로 하는 자기보고식 성격진단 또는 성격유형 검사이다. 개인이 쉽게 응답할 수 있는 자기보고 문항을 통해 각자가 인식하고 판단할 때 어떠한 영향을 미치는가를 파악하여 실생활에 응용한다. 성격유형은 모두 16개이며, 외향형과 내향형, 감각형과 직관형, 사고형과 감정형, 판단형과 인식형 등 4가지의 분리된 선호경향으로 구성된다.

(2) MBTI 검사의 구성

① **선호경향** : 교육이나 환경의 영향을 받기 이전에 이미 인간에게 잠재되어 있는 선천적 심리경향을 말한다.

선호지표	외향형(Extraversion)	내향형(Introversion)
설명	폭넓은 대인관계를 유지하며, 사교적이고 정열적이며 활동적이다.	깊이 있는 대인관계를 유지하며, 조용하고 신중하며 이해한 다음에 경험한다.

대표적 표현	• 자기외부에 주의집중 • 외부활동과 적극성 • 정열적, 활동적 • 말로 표현 • 경험한 다음에 이해 • 쉽게 알려짐	• 자기내부에 주의집중 • 내부활동과 집중력 • 조용하고 신중 • 글로 표현 • 이해한 다음에 경험 • 서서히 알려짐

선호지표	감각형(Sensing)	직관형(Intuition)
설명	오감에 의존하여 실제의 경험을 중시하며, 지금과 현재에 초점을 맞추고 정확 · 철저하게 일처리를 한다.	육감 내지 영감에 의존하며, 미래 지향적이고 가능성과 의미를 추구하며 신속 · 비약적으로 일처리를 한다.
대표적 표현	• 지금 · 현재에 초점 • 실제의 경험 • 정확 · 철저한 일처리 • 사실적 사건묘사 • 나무를 보려는 경향 • 가꾸고 추수함	• 미래 가능성에 초점 • 아이디어 • 신속 · 비약적인 일처리 • 비유 · 암시적 묘사 • 숲을 보려는 경향 • 씨뿌림

선호지표	사고형(Thinking)	감정형(Feeling)
설명	진실과 사실에 주 관심을 갖고 논리적이고 분석적이며, 객관적으로 판단한다.	사람과 관계에 주 관심을 갖고 상황적이며 정상을 참작한 설명을 한다.
대표적 표현	• 진실, 사실에 주 관심 • 원리와 원칙 • 논거, 분석적 • 맞다, 틀리다 • 규범, 기준 중시 • 지적 논평	• 사람, 관계에 주 관심 • 의미와 영향 • 상황적, 포괄적 • 좋다, 나쁘다 • 나에게 주는 의미 중시 • 우호적 협조

선호지표	판단형(Judging)	인식형(Perceiving)
설명	분명한 목적과 방향이 있으며 기한을 엄수하고 철저히 사전계획하고 체계적이다.	목적과 방향은 변화 가능하고 상황에 따라 일정이 달라지며 자율적이고 융통성이 있다.
대표적 표현	• 정리정돈과 계획 • 의지적 추진 • 신속한 결론 • 통제와 조정 • 분명한 목적의식과 방향감각 • 뚜렷한 기준과 자기의사	• 상황에 맞추는 개방성 • 이해로 수용 • 유유자적한 과정 • 융통과 적응 • 목적과 방향은 변화할 수 있다는 개방성 • 재량에 따라 처리될 수 있는 포용성

② 성격유형 : 4가지 선호지표를 조합하여 만들어진 16가지 성격유형 도표를 말한다.

성격유형	특징
ISTJ	• 신중하고 조용하며 집중력이 강하고 매사에 철저하다. • 구체적, 체계적, 사실적, 논리적, 현실적인 성격을 띠고 있으며, 신뢰할 만하다. • 만사를 체계적으로 조직화시키려고 하며 책임감이 강하다. • 성취해야 한다고 생각하는 일이면 주위의 시선에 아랑곳하지 않고 꾸준하고 건실하게 추진해 나간다.
ISFJ	• 조용하고 친근하고 책임감이 있으며 양심이 바르다. • 맡은 일에 헌신적이며 어떤 계획의 추진이나 집단에 안정감을 준다. • 매사에 철저하고 성실하고 정확하며, 기계분야에는 관심이 적다. • 필요하면 세세한 면까지도 잘 처리해 나간다. • 충실하고 동정심이 많고 타인의 감정에 민감하다.

INFJ	• 인내심이 많고 독창적이며, 필요하고 원하는 일이라면 끝까지 이루려고 한다. • 자기 일에 최선의 노력을 다한다. • 타인에게 말없이 영향력을 미치며, 양심이 바르고 다른 사람에게 따뜻한 관심을 가지고 있다. • 확고부동한 원리원칙을 중시하고, 공동선을 위하는 확신에 찬 신념을 가지고 있으므로, 사람들이 존경하며 따른다.
INTJ	• 대체로 독창적이며, 자기 아이디어나 목표를 달성하는 데 강한 추진력을 가지고 있다. • 관심을 끄는 일이라면 남의 도움이 있든 없든 이를 계획하고 추진해나가는 능력이 뛰어나다. • 회의적, 비판적, 독립적이고 확고부동하며 때로는 고집스러울 때도 많다. • 타인의 감정을 고려하고 타인의 의견에 귀를 기울이는 법을 배워야한다.

성격유형	특징
ISTP	• 차분한 방관자이다. • 조용하고 과묵하며, 절제된 호기심을 가지고 인생을 관찰하고 분석한다. • 때로는 예기치 않게 유머감각을 나타내기도 한다. • 대체로 인간관계에 관심이 없고, 기계가 어떻게 왜 작동하는지 흥미가 많다. • 논리적인 원칙에 따라 사실을 조직화하기를 좋아한다.
ISFP	• 말없이 다정하고 친절하고 민감하며 자기 능력을 뽐내지 않고 겸손하다. • 의견의 충돌을 피하고 자기 견해나 가치를 타인에게 강요하지 않는다. • 남 앞에 서서 주도해나가기보다 충실히 따르는 편이다. • 목표를 달성하기 위해 안달복달하지 않고 현재를 즐기기 때문에 일하는 데에도 여유가 있다.

INFP	• 정열적이고 충실하나 상대방을 잘 알기 전까지는 이를 드러내지 않는 편이다. • 학습, 아이디어, 언어, 자기 독립적인 일에 관심이 많다. • 어떻게 하든 이루어내기는 하지만 일을 지나치게 많이 벌이려는 경향이 있다. • 남에게 친근하기는 하지만, 많은 사람들을 동시에 만족시키려는 부담을 가지고 있다. • 물질적 소유나 물리적 환경에는 별 관심이 없다.
INTP	• 조용하고 과묵하다. • 특히 이론적 · 과학적 추구를 즐기며, 논리와 분석으로 문제를 해결하기를 좋아한다. • 주로 자기 아이디어에 관심이 많으나, 사람들의 모임이나 잡담에는 관심이 없다. • 관심의 종류가 뚜렷하므로 자기의 지적 호기심을 활용할 수 있는 분야에서 능력을 발휘할 수 있다.

성격유형	특징
ESTP	• 현실적인 문제해결에 능하다. • 근심이 없고 어떤 일이든 즐길 줄 안다. • 기계 다루는 일이나 운동을 좋아하고 친구 사귀기를 좋아한다. • 적응력이 강하고, 관용적이며, 보수적인 가치관을 가지고 있다. • 긴 설명을 싫어하며, 기계의 분해 또는 조립과 같은 실제적인 일을 다루는 데 능하다.
ESFP	• 사교적이고 태평스럽고 수용적이고 친절하며, 만사를 즐기는 형이기 때문에 다른 사람들로 하여금 일에 재미를 느끼게 한다. • 운동을 좋아하고 주위에서 벌어지는 일에 관심이 많아 끼어들기를 좋아한다. • 추상적인 이론보다는 구체적인 사실을 잘 기억하는 편이다. • 건전한 상식이나 사물 뿐 아니라 사람들을 대상으로 구체적인 능력이 요구되는 분야에서 능력을 발휘할 수 있다.

ENFP	• 따뜻하고 정열적이고 활기가 넘치며, 재능이 많고 상상력이 풍부하다. • 관심이 있는 일이라면 어떤 일이든지 척척 해낸다. • 어려운 일이라도 해결을 잘 하며 항상 남을 도와줄 태세를 갖추고 있다. • 자기 능력을 과시한 나머지 미리 준비하기보다 즉흥적으로 덤비는 경우가 많다. • 자기가 원하는 일이라면 어떠한 이유라도 갖다 붙이며 부단히 새로운 것을 찾아 나선다.
ENTP	• 민첩하고 독창적이고 안목이 넓으며 다방면에 재능이 많다. • 새로운 일을 시도하고 추진하려는 의욕이 넘치며, 새로운 문제나 복잡한 문제를 해결하는 능력이 뛰어나며 달변가이다. • 일상적이고 세부적인 면은 간과하기 쉽다. • 한 일에 관심을 가져도 부단히 새로운 것을 찾아나간다. • 자기가 원하는 일이면 논리적인 이유를 찾아내는 데 능하다.

성격유형	특징
ESTJ	• 구체적이고, 현실적이고 사실적이며, 기업 또는 기계에 재능을 타고난다. • 실용성이 없는 일에는 관심이 없으며 필요할 때 응용할 줄 안다. • 활동을 조직화하고 주도해 나가기를 좋아한다. • 타인의 감정이나 관점에 귀를 기울일 줄 알면 훌륭한 행정가가 될 수 있다.
ESFJ	• 마음이 따뜻하고, 이야기하기 좋아하고, 사람들에게 인기가 있고, 양심이 바르고, 남을 돕는 데에 타고난 기질이 있으며, 집단에서도 능동적인 구성원이다. • 조화를 중시하고 인화를 이루는 데 능하다. • 항상 남에게 잘 해주며, 격려나 칭찬을 들을 때 가장 신바람을 낸다. • 사람들에게 직접적이고 가시적인 영향을 줄 수 있는 일에 가장 관심이 많다.

ENFJ	• 주위에 민감하며 책임감이 강하다. • 다른 사람들의 생각이나 의견을 중히 여기고, 다른 사람들의 감정에 맞추어 일을 처리하려고 한다. • 편안하고 능란하게 계획을 내놓거나 집단을 이끌어 가는 능력이 있다. • 사교성이 풍부하고 인기 있고 동정심이 많다. • 남의 칭찬이나 비판에 지나치게 민감하게 반응한다.
ENTJ	• 열성이 많고 솔직하고 단호하고 통솔력이 있다. • 대중 연설과 같이 추리와 지적 담화가 요구되는 일이라면 어떤 것이든 능하다. • 보통 정보에 밝고 지식에 대한 관심과 욕구가 많다. • 때로는 실제의 자신보다 더 긍정적이거나 자신 있는 듯한 사람으로 비칠 때도 있다.

5 LH공사 인성검사

(1) LH공사 인성검사는 220문항가량에 30분 정도의 시간이 주어지며, 적/부 판정에만 활용이 된다. LH공사의 인성검사는 한국행동과학연구소의 인성검사(KPDI)를 활용하고 있다.

(2) 검사유형 예시

번호	문 항	YES	NO
1	힘들고 어려운 일이라도 참고 견디면서 한다.		
2	기분이 상하는 일이 있더라도 화를 내지 않는다.		
3	자신의 능력을 자만하고 상대를 얕잡아 보는 편이다.		
4	남들보다 앞서기 위해 가끔 거짓말을 하는 경우가 있다.		
5	다른 사람이 나보다 잘되는 것을 보면 질투심이 생긴다.		
6	머리가 맑지 못하고 무거운 기분이 종종 든다.		
7	사건의 원인과 결과를 쉽게 파악하는 편이다.		

8	개인보다 팀으로 일하는 것이 더 효과적이라도 생각한다.		
9	남에게 주목받는 데 익숙하지 않다.		
10	모든 일을 처리할 때 검토에 가장 오랜 시간을 기울인다.		

03 면접

1 면접이란?

일반적으로 서류심사, 필기시험, 적성검사 등을 실시한 후 최종적으로 지원자를 직접 대면해 인품 · 성격 · 언행 · 지식의 정도 등을 알아보는 구술 평가 또는 인물평가

2 면접을 보는 이유

단순히 개인 신상에 대한 평가하는 것이 아니라 지원자의 기본적인 성향과 자라온 환경, 가치관, 관련 경험 등을 파악해 기업에 대한 열정, 가능성 등을 측정하기 위한 것이다.

3 면접 시 주의사항

- **결론부터 말하기** : 부연 설명은 결론을 말한 다음 구체적으로 말한다.
- **올바른 경어의 사용** : 유행어는 피하며 존경어와 겸양어는 혼동하지 않는다.
- **명확한 태도** : 질문의 요지를 파악하고, '예, 아니오'를 명확히 표현한다.
- **미소** : 웃는 것은 좋지만 가벼워 보여서는 안된다. 표정관리를 해야 한다.
- **대답하는 방식** : 결론, 구체적인 예, 확인, 끝 정도의 방식을 정한다.
- **적당한 반론** : 납득이 되지 않는 것은 면접관의 기분을 상하지 않게 하는 태도로 차분히 반문한다.
- **최선을 다하기** : 대답을 잘 못했어도 포기하지 말고 최선을 다하면 상황이

좋아질 수 있다.

- 여유 : 즉흥적인 대사와 유머 등 긴장된 분위기를 푸는 여유 있는 태도가 필요하다.
- 잘못된 버릇 고치기 : 상대를 불쾌하게 만드는 행동은 주의한다.
- 확신, 긍정적 대답 : "~같습니다.", "~라고 생각됩니다." 보다는 "~입니다.", "~라고 믿습니다."와 같은 표현을 한다.
- 압박 면접 대비 : 압박면접에 대비하여 미리 대비한다.
- 첫 이미지 : 첫 이미지가 중요하기 때문에 충분히 판단하고 행동해야 한다.
- 대답 이후의 질문에 대비 : 대답을 할 때 돌아올 질문을 예상하면서 해야 이후 실수가 적다.

4 〉 면접 예상 질문

- 간단히 자기소개를 해보세요.
- 본인 성격의 장 · 단점을 말해보세요.
- 타인과 갈등이 생겼을 때 이를 어떻게 극복합니까?
- ◯◯회사에 지원하게 된 동기를 말해보세요.
- 이 자격증을 왜 땄는지 말해보세요.
- 본인이 이 회사에 입사 후 하고 싶은 일이나 이루고 싶은 것이 있으면 말해보세요.
- 만약 지방 또는 해외 근무지로 가야 한다면 어떻게 하시겠습니까?
- 이 회사의 전망에 대해 말해보세요.
- 마지막으로 하고 싶은 말이 있으면 해보세요.

5 〉 면접의 유형

① 집단면접

- 정의 : 다수의 면접관이 다수의 지원자를 한꺼번에 평가하는 방법으로, 여러 명을 동시에 비교, 관찰할 수 있고, 평가에 있어 객관성을 유지할 수 있다는 장점이 있다. 대기업의 경우 1차 면접과 임원면접 시 주로 사용한다.
- 주의사항 : 자기주장만을 내세우거나, 다른 사람이 말할 때 한 눈을 팔거나, 발언 기회를 놓이고 침묵을 지키는 것은 금물이다. 집단면접은 토론하는 것이 아니므로 다른 사람을 설득시키려고 자기 의견을 지나치게 주장할 필요는 없다. 또한 면접관 한 사람이 지원자들에게 동일한 질문을 하는 경우에는 비슷한 내용을 답해도 불이익은 없지만 집단에 묻히지 말고 개성 있는 답변을 해야 하며 자신의 의견을 명확하게 밝혀야 한다.

② 토론면접

- 정의 : 지원자 여러 명에게 특정 주제를 제시하고 지원자들끼리 서로 토론을 전개하는 과정을 면접관이 관찰, 평가하는 방법이다. 지원자들이 토론을 벌이는 동안 면접관은 지원자들의 행동, 협동성, 표현력, 적응력, 문제해결능력, 창의성, 의사소통능력 등을 종합적으로 평가한다.
- 주의사항 : 집단토론 시에는 누가 발표를 잘하는가도 중요하지만 상대방의 발표를 얼마나 잘 경청하느냐가 더욱 중요하다. 과제를 수행함에 있어서 자신의 과제뿐만 아니라 팀원을 돕고 리드하는 헌신형 인재가 높이 평가됨을 명심하며 참여하여야 한다.

③ 프레젠테이션면접

- 정의 : 특정 주제에 관한 지원자 개개인의 발표로 지원자의 능력을 평가하는데 목적이 있다. 프레젠테이션면접은 전공 및 실무능력을 파악하는데 중점을 두기 때문에 지원하는 분야와 관련된 기술적인 질문이 나올

수 있다.

- **주의사항** : 정확한 답이나 지식보다는 논리적 사고와 의사표현력이 중요시되므로 어떻게 설명하는지에 초점을 두어야 한다. 지원 직무에 대한 전문지식을 쌓아두는 것이 유리하다. 자신의 발표 이후에도 다른 지원자들의 발표를 경청하는 자세를 유지하는 것이 중요하다.

④ 합숙면접

- **정의** : 합숙면접의 경우 일단 해당 기업의 버스를 타고 연구원으로 가서 모든 일정을 진행하는 것이 일반적이며 면접관과 지원자들이 함께 합숙하면서 인재를 가려낸다. 지원자들이 집합하는 순간부터 점수에 반영되지만 너무 의식하지 않는 것이 좋으며 지원자들끼리 서로 평가하는 경우도 있으므로 원활한 관계를 유지하는 것이 좋다.
- **주의사항** : 합숙면접은 개인이 아닌 팀별로 과제를 수행한다. 자기주장만 관철하려 들면 좋은 점수를 받기 어렵고, 면접관에게 자신이 적극적으로 문제를 해결하는 성향의 인물임을 알리고 조직에 활력을 주는 인재라는 이미지를 심어줄 수 있는 것이 중요하다. 과제가 주어지면 동료들과 토의하면서 해결방안을 준비하는 지원자가 높은 점수를 받을 수 있다.